Griechische Antike

21 Arbeitsblätter
mit didaktisch-methodischen Kommentaren

Sekundarstufe I

von
Claus Gigl

Ernst Klett Verlag
Stuttgart Düsseldorf Leipzig

Gedruckt auf Papier,
welches aus Altpapier
hergestellt wurde.

Die Deutsche Bibliothek – CIP-Einheitsaufnahme

Gigl, Claus:
Griechische Antike : 21 Arbeitsblätter mit didaktisch-methodischen Kommentaren ; Sekundarstufe I / von Claus Gigl. – 1. Aufl. – Stuttgart ; Düsseldorf ; Leipzig : Klett, 1998
ISBN 3-12-927886-9

1. Auflage 1998 A

Internetadresse: http://www.klett.de
Umschlaggestaltung: BSS Werbeagentur Sachse und Partner, Bietigheim
DTP: Kirsten Brückmann, Stuttgart
Repro: Windhueter, Schorndorf
Druck: Wilhelm Röck, Weinsberg. Printed in Germany.
ISBN 3-12-927886-9

Der Lebensraum der Griechen

Das frühe Griechenland

Das klassische Athen

Der Hellenismus

M 1

Die Akropolis von Lindos (auf Rhodos)

Claus Gigl, Moosburg

M 2

Auf der Peloponnes

Bilderberg (Klaus D. Franke), Hamburg

M 3

Oliven – die Grundlage griechischer Landwirtschaft in der Antike

bpk, Berlin

M 4

Bauern auf dem Weg zum Markt

British Museum, London

M 5 Landschaftliche Besonderheiten

Griechenland [war] vermöge seiner Lage und Bodenbeschaffenheit mit den Mitteln, die der antiken Kriegstechnik zur Verfügung standen, nur äußerst schwierig, ja wohl überhaupt nur durch ein Einverständnis mit inneren Feinden zu erobern. Auf drei Seiten von Meer umgeben und an allen seinen Küsten leicht zu verteidigen, konnte es nur von Norden her ernstlich gefährdet werden. [...] Jede griechische Landschaft läßt sich von den Gipfeln ihrer Berge mit einem Blick umfassen und in einer Tagreise zu Fuß oder auf dem Saumtier durchwandern. Und weiter als eine Tagreise ist auch keine griechische Polis von der See entfernt. [...] Die Entfernung zwischen Insel und Insel beträgt nirgends mehr als vierzig Kilometer, meist noch viel weniger; da sie sämtlich gebirgig sind, zeichnen sie ihre ragenden Silhouetten weithin in die klare Luft, und so hat der Bewohner dieser Mittelmeergegend nie das Gefühl niederdrückender Einsamkeit und drohender Unendlichkeit, das das Meer andern Völker so unheimlich macht.

aus: Friedell, E.: Kulturgeschichte Griechenlands, C. H. Beck'sche Verlagsbuchhandlung, München 1984, S. 13f.

M 6 Das antike Griechenland

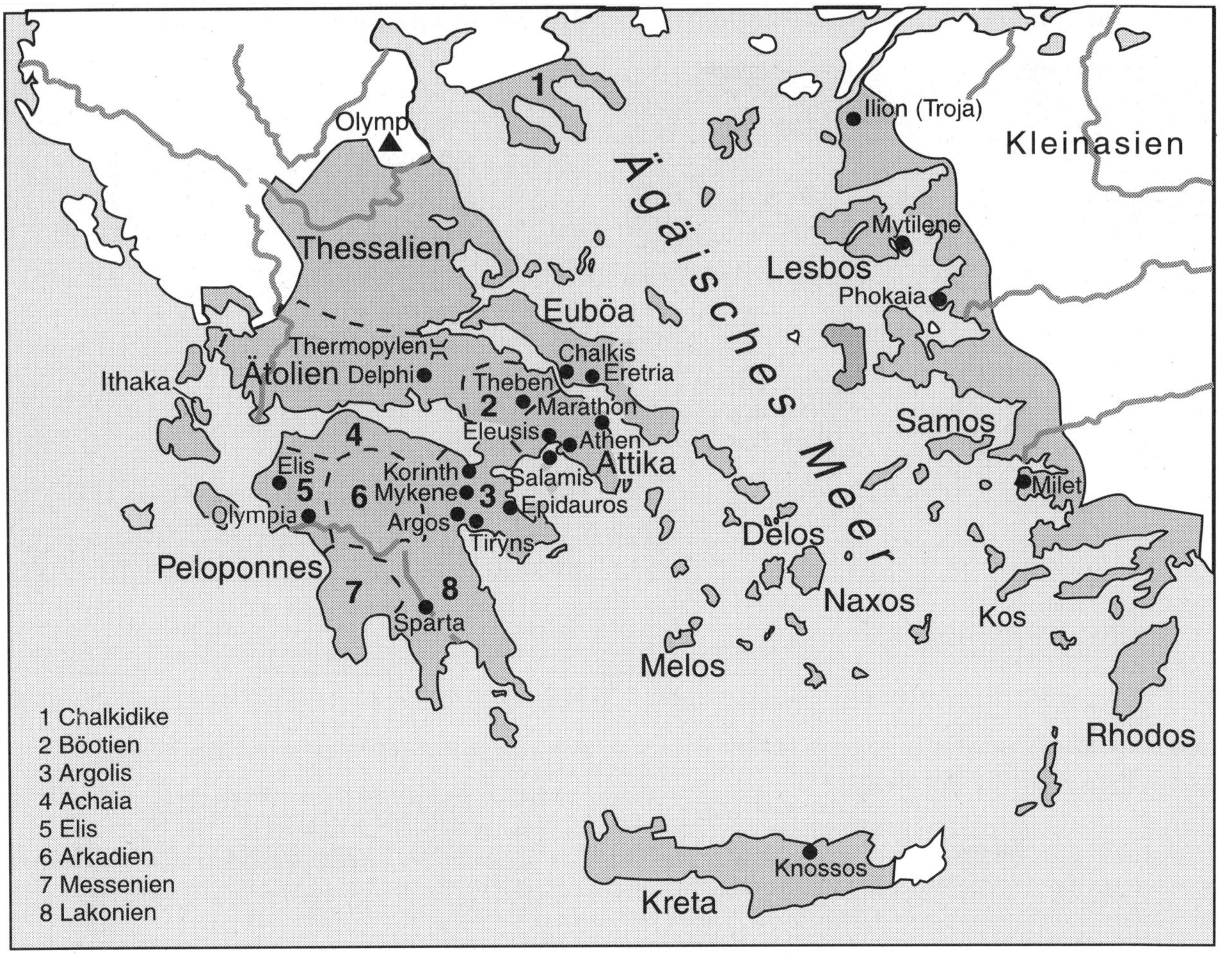

Günter Bosch, Stuttgart

M 7

Studienreise durch das antike Griechenland

1. Tag: Stadtbesichtigung von Athen. Führung durch die Akropolis.

2. Tag: Fahrt über den Kanal von Korinth, Besichtigung des Apollon-Tempels in Altkorinth. Weiterreise nach Epidauros, Besuch des berühmten Theaters.

3. Tag: Fahrt nach Mykene: Besichtigung der Burg mit dem Löwentor. Abstecher nach Tiryns.

4. Tag: Weiterfahrt nach Sparta. Besichtigung der antiken Ruinen, anschließend Gelegenheit zu einem Spaziergang am Fluss Eurotas.

5. Tag: Fahrt über das Taygetos-Gebirge nach Elis. Nachmittag zur freien Verfügung.

6. Tag: Fahrt nach Delphi, Besichtigung der Orakelstätte. Rückfahrt nach Athen.

Aufgaben:

1. Bei der Abbildung (M 1) handelt es sich um ein typisches Urlaubsfoto. Überlege, was die Menschen aus allen Teilen der Welt nach Griechenland zieht!
2. Beschreibe die Abbildung (M 2) im Hinblick auf Landschaft, Tiere und Pflanzen. Vergleiche dann mit deiner Heimat! Worauf lassen sich die Unterschiede zurückführen?
3. Erkläre, was die Bauern auf den Vasenbildern (M 3 und M 4) gerade tun. Sind derartige Szenen auch heute noch denkbar?
4. Welche landschaftlichen Besonderheiten Griechenlands werden im Text (M 5) angesprochen?
5. Trage die Route der Studienreise (M 7) in die Karte (M 6) ein und überlege, wo die Reisenden ihren freien Nachmittag (am 5. Reisetag) verbringen sollten!

M1

Die Burg von Tiryns

Sven Palmowski, Stuttgart

M2

Der Palast von Knossos – ein Labyrinth?

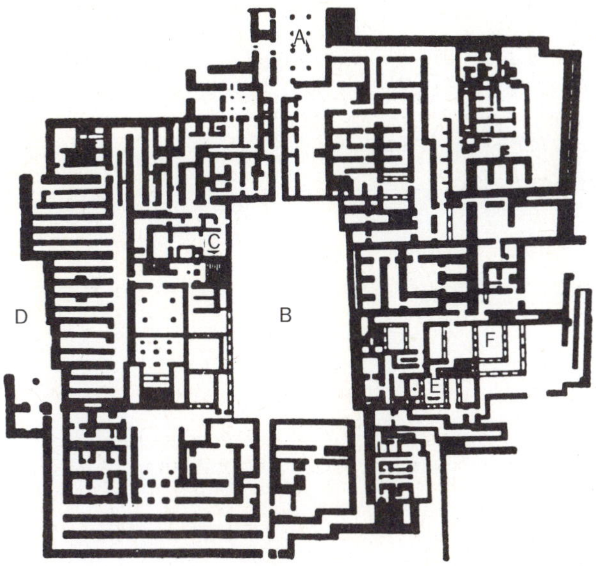

A = Eingang; B = Innenhof; C = Thronsaal; D = Vorratsräume; E = Kammer der Königin; F = Prunksaal

aus: F. Baumgart, Stilgeschichte der Architektur, DuMont Buchverlag, Köln 1977, S. 18

M3

Grundriss eines Megaronhauses

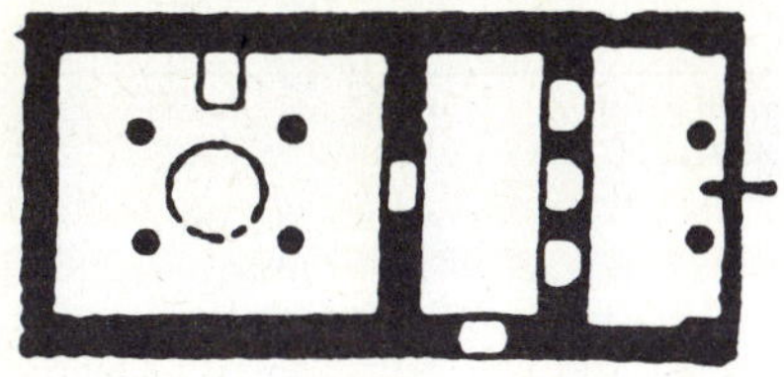

aus: F. Baumgart, Stilgeschichte der Architektur, a.a.O., S. 19

M4

Beschreibung des Palastes von Knossos

Um einen größeren Zentralhof ist eine Unmenge kleiner Rechtecke in vollendeter Unregelmäßigkeit angehäuft. Die Zugänge sind kompliziert und führen nicht unbedingt von Raum zu Raum, sondern häufig auf Umwegen durch schmale Korridore hin und zurück. Das Gewimmel setzt sich durch mehrere Stockwerke fort [...]

aus: F. Baumgart, a.a.O., S. 18

M5

Beschreibung des Megaronhauses in einem Architekturlexikon

Megaron (griech. das Geräumige). Vorgriechisches (mykenisches) rechteckiges Haus mit einem Herdraum und Vorhalle und säulengestütztem, offenen Eingangsraum an einer Schmalseite. Vorstufe des griechischen Tempels.

aus: F. Baumgart, DuMont's kleines Sachlexikon der Architektur, DuMont Buchverlag, Köln ^{2}1978, S. 112 (bearbeitet)

M 6

Löwenjagd

Darstellung auf einem Bronzedolch aus Mykene (um 1550 v. Chr.)
Hirmer Verlag, München

M 7

Stierspringen

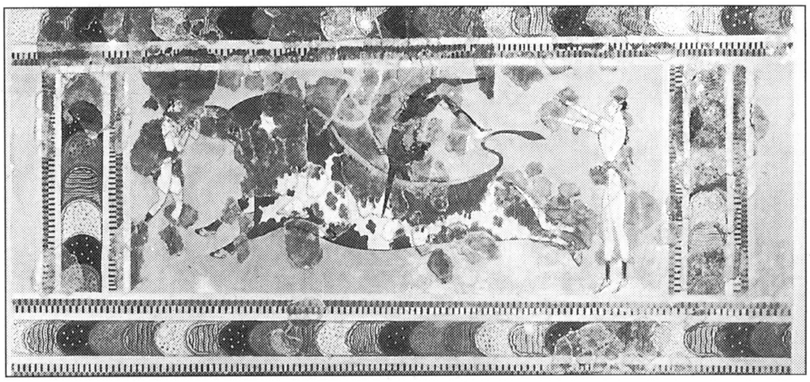

Fresko aus dem Palast von Knossos (um 1500 v. Chr.)
bpk, Berlin. Museum, Heraklion,

Aufgaben:

1. Vergleiche den Grundriss der beiden Haustypen (M 2 / M 3) und die Lage der einzelnen Gebäude zueinander (M 1 / M 2). Ziehe auch die Texte M 4 und M 5 zu deinen Überlegungen hinzu.
2. Nenne Vor- und Nachteile der beiden Haustypen und überlege, welcher Typ sich in den folgenden Jahrhunderten durchgesetzt hat.
3. Erkläre, wie sich die Kreter und die Achäer vor ihren Feinden schützten! Betrachte dazu auch M 1.
4. Betrachte die Darstellung auf dem Dolch (M 6) und das Gemälde (M 7). Erzähle zu jedem Bild eine Geschichte!
5. Kennst du einen Sport, der dem minoischen Stierspiel ähnlich ist (M 7)? Beschreibe Gemeinsamkeiten und Unterschiede!

M1 Die olympischen Götter

aus: Erinnern und Urteilen, Bayern, Bd. 6, Ernst Klett Verlag, Stuttgart, S. 56

M2

Kleines Lexikon der olympischen Götter

Zeus: Göttervater, dargestellt mit Zepter, Blitz und Adler, Gott des Wetters.

Hera: Gattin des Zeus, aber auch seine Schwester, Beschützerin der Ehe und der Kinder.

Poseidon: Bruder des Zeus, Gott des Meeres.

Hades: Bruder des Zeus, Gott der Unterwelt.

Demeter: Göttin der Landwirtschaft und der Ernte.

Dionysos: Gott des Weines und der Feste.

Hestia: Schwester des Zeus, Göttin des Herdfeuers und der Familie.

Apollon: Gott der Sänger und Dichter, bringt den Menschen die wahre Erkenntnis. Wird oft mit einer Leier dargestellt.

Ares: Gott des Krieges.

Hephaistos: Gott des Feuers und der Schmiedekunst, verheiratet mit Aphrodite.

Aphrodite: Göttin der Schönheit. Der Sage nach führte ihre Idee, durch Paris die schönste Göttin auswählen zu lassen, zum Trojanischen Krieg.

Artemis: Göttin der Jagd.

Hermes: Götterbote, erkennbar an seinen geflügelten Schuhen.

Athene: Göttin der Weisheit, Schutzgöttin Athens, meist mit Speer und Schild dargestellt.

M3

Beim Orakel von Delphi

bpk, Berlin

M4

Das Urteil des Paris

Staatliche Antikensammlung der Glyphothek, München

M5

Götter und Helden im trojanischen Krieg

Agamemnon, bald hier, bald dort, feuerte Fürsten und Kriegsmannen mit aufmunternden und lobenden Worten zum Angriff an. Selbst die Götter nahmen am Kampfe teil. Ares und Aphrodite standen auf Seiten der Trojaner, während Athene den Griechen half. Durch ihre Gunst verrichtete Diomedes (der König von Argos) herrliche Heldentaten. Unbezwinglich durchtobte er das Schlachtfeld gleich einem tosenden Strom, den niemand aufhalten konnte. Endlich fand er den Bogenschützen Pandaros, der vergeblich Pfeil und Lanze gegen ihn schickte. Der Speer des Diomedes traf ihn tödlich, so dass er klirrend von seinem Streitwagen sank. Aineias, der Sohn Aphrodites, suchte den Leichnam des Gefallenen zu schützen, aber Diomedes ergriff einen gewaltigen Felsen und schleuderte ihn gegen Aineias, so dass seine Hüfte zerschmettert wurde. Aphrodite rettete sein Leben nur, indem sie ihn, wie Paris, in einer Wolke entführte. Da wandte Diomedes sich gegen sie. Von Athene beschützt, die hinter ihm auf seinem Streitwagen stand, schleuderte er seine Lanze gegen Aphrodite und traf sie an der Handwurzel. Aufschreiend ließ sie ihren Sohn fallen und eilte zum Olymp; Aineias aber wurde von Apollon nach Troja gebracht. Racheschnaubend schleuderte der Kriegsgott Ares seine Lanze gegen Diomedes, doch Athene schlug sie beiseite und lenkte den Speer ihres Schützlings in die Seite des Kriegsgottes. Er brüllte vor Schmerz, wie zehntausend Krieger im Kampfe schreien. Griechen und Trojaner erschraken, sie glaubten, es donnere bei heiterem Himmel. Diomedes sah, wie Ares im Sturm zum Olymp hinauffuhr, wo Zeus ihn ob seiner Wildheit heftig beschimpfte und dann zum Arzt der Götter schickte.

aus: G. Schwab, Sagen des klassischen Altertums,

Aufgaben:

1. Betrachte die abgebildeten Götter in M1 und ermittle mit Hilfe des Götterlexikons (M2), um wen es sich jeweils handelt.
2. Erkläre, was ein Orakel ist, und erläutere, was die Priesterin (links im Bild) soeben tut (M3).
3. Lies nach, welche Bedeutung das Urteil des Paris (M4) für die Entstehung des Trojanischen Krieges hatte.
4. Überlege, welche Bedeutung Sagen und Heldenlieder für die Griechen hatten. Bedenke, dass Vasen (M4) als Gegenstände des täglichen Gebrauchs im ganzen Mittelmeerraum verbreitet waren!
5. Welche Rolle spielten die Götter im Trojanischen Krieg (der Sage nach)? Vergleiche sie mit den Menschen: Findest du Gemeinsamkeiten oder Unterschiede (M5)?

M1

Schliemann auf der Suche nach Troja

Schliemann wandte sich zunächst dem Dorf Bunarbaschi zu, wo er anfangs die Reste der Stadt zu finden glaubte. Damit folgte er der allgemeinen Auffassung der Gelehrten [...] Doch schon bald erkannte Schliemann, dass die Stadt des Priamos dort nie gelegen haben konnte. Er stellte nämlich fest, dass die Entfernung von Bunarbaschi bis zum Hellespont, wie die Dardanellen in der Antike genannt wurden, in gerader Richtung 12,8 Kilometer betrug. Der *Ilias* aber entnahm er, dass es „höchstens drei englische Meilen“ (4,8 Kilometer) waren, die Troja vom Meer trennten. Für diese Annahme sprach auch die Tatsache, dass die Achäer in der dritten Schlacht den Weg zwischen ihrem Lager am Meer und der trojanischen Burg an einem einzigen Nachmittag viermal zurücklegten, obwohl sie von den langen Kämpfen geschwächt waren. Hätte Troja an der Stelle von Bunarbaschi gelegen, wäre es den Belagerern unmöglich gewesen, das Gebiet zwischen dem Meer und der Stadt in so kurzer Zeit viermal zu durcheilen [...] Noch größere Zweifel kamen ihm, als er mit der *Ilias* in der Hand, das Gelände von Bunarbaschi abschritt und sich dabei vorzustellen versuchte, wie Achilles hier den fliehenden Hektor über die Abhänge der Anhöhe vor sich herjagte. Im XXII. Gesang der *Ilias* berichtet Homer über die verzweifelte Flucht des trojanischen Helden [...] Diese Verse waren für Schliemann der Beweis, dass Bunarbaschi nicht auf dem Boden von Troja lag. Denn eine Stadt, die Achilles und Hektor dreimal in schnellem Lauf umkreist hatten, konnte nur in einer Ebene gestanden haben.

Hans-Günter Richardi, Der große Augenblick der Archäologie, © 1977 by Loewes Verlag, Bindlach

M2

Die Entdeckung Trojas

Nachdem Schliemann erkannt hatte, dass das historische Troja unter dem Hügel Hissarlik verborgen lag, verschaffte er sich von der türkischen Regierung eine Grabungserlaubnis und begann mit 74 Arbeitern, den Hügel zu untersuchen. Darüber berichtet er:

Da es meine Absicht war, Troja auszugraben, und da ich dasselbe in einer der unteren Städte zu finden erwartete, musste ich manche interessante Ruine in den oberen Schichten zerstören; so zu Beispiel in einer Tiefe von 20 Fuß unter der Oberfläche die Ruinen eines prähistorischen Gebäudes von zehn Fuß Höhe, dessen aus behauenen, mit Lehm zusammengefügten Kalksteinblöcken bestehende Mauern vollkommen glatt waren. Augenscheinlich gehörte dieses Haus zu der vierten der nacheinander auf den Urboden folgenden gewaltigen Trümmerschichten; und wenn, wie nicht bezweifelt werden kann, jede Schicht die Ruinen einer besondern Stadt darstellt, so gehörte es zur vierten Stadt [...] Außerdem musste ich noch eine kleine, aus grünem Sandstein gemachte Rinne von acht Zoll Breite und sieben Zoll Tiefe zerstören [...]

aus: Leo Deuel (Hrsg.), Das Abenteure Archäologie. Berühmte Ausgrabungsberichte aus dem Nahen Osten, 1963

M3

Wo liegt Troja?

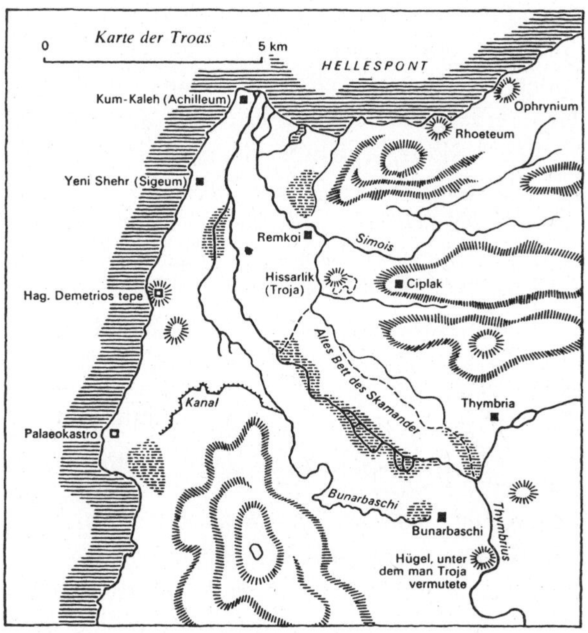

aus: Hans Baumann, Löwentor und Labyrinth, C. Bertelsmann Verlag, München 1966 und 1978

M4 Welche Schicht zeigt das Troja Homers?

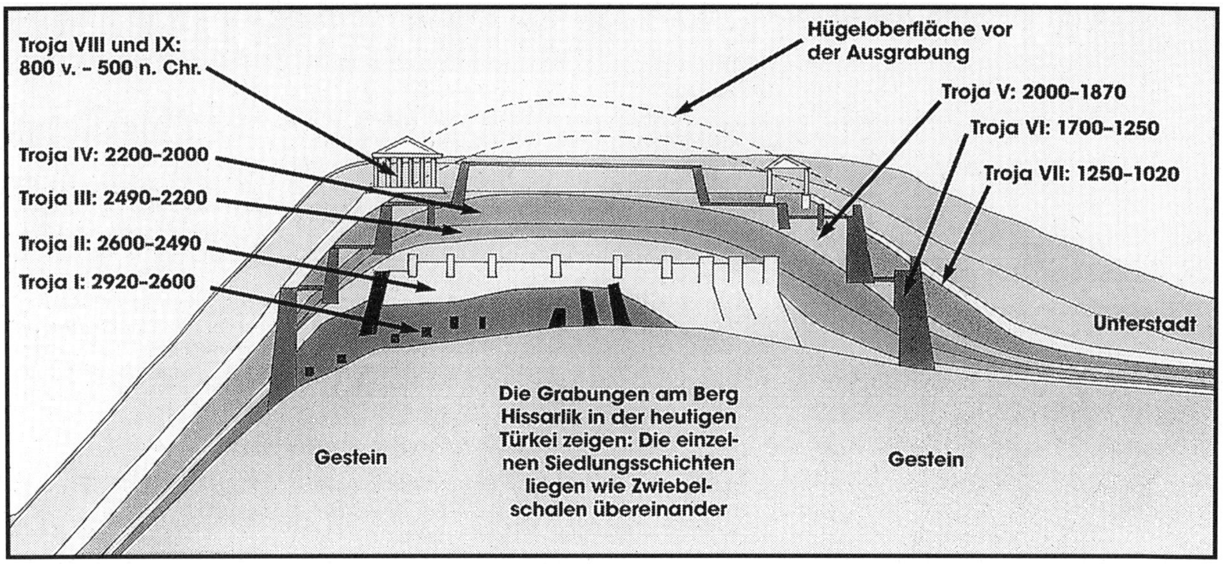

aus: P. M. Perspektive, Das antike Griechenland, 96/045

M5

Kritik an der Grabungsmethode Schliemanns

Am 1. April 1872 setzte Schliemann mit 100 Arbeitern seine Suche nach der versunkenen Stadt fort. Um nichts unversucht zu lassen, entschloss er sich nun dazu, den Hügel in seiner ganzen Länge zu durchstechen. Je tiefer sich die Schaufeln seiner Helfer in den Boden gruben, desto häufiger traten die Reste von Mauern und Gebäuden zum Vorschein. Aber Schliemann hatte für die Bauten kein Auge. Ihn interessierten lediglich die Trümmer der trojanischen Burg, die sich seiner Meinung nach nur in der untersten Schicht über dem gewachsenen Felsen befinden konnten. So ließ er auf seinem Weg in die Tiefe rücksichtslos alle Mauerreste in den höhergelegenen Siedlungsschichten, die er durchbrach, beseitigen, um schneller an sein Ziel zu gelangen. Die Eile, mit der Schliemann damals zu Werke ging, haben später die Archäologen, die nach ihm kamen, kritisiert. Vieles, was der Wissenschaft vielleicht jetzt noch Auskunft über die einstigen Bewohner von Hissarlik geben könnte, fiel seinem Spaten zum Opfer. Heute wissen wir, dass der Hügel nicht weniger als neun versunkene Städte barg, von denen die Forscher zu Schliemanns Zeiten nichts geahnt hatten. […] Doch von all diesen Siedlungsschichten, die er nach und nach freilegte, interessierte Schliemann nur die eine von Troja. Ihr opferte er sämtliche Bauten, die ihm im Wege waren.

Hans-Günter Richardi, Der große Augenblick der Archäologie, © 1977 by Loewes Verlag, Bindlach, S. 33 f.

Aufgaben:
1. Erkläre, wie Schliemann bei der Suche nach Troja vorging. Woran orientierte er sich (M 1 / M 2)?
2. Beschreibe, wo man die Grabungsstätten Trojas heute finden kann (M 3).
3. Erkläre, warum Schliemann die zweite Schicht für das Troja Homers hielt, während man heute davon ausgeht, dass es die sechste Schicht war, da man diese auf die Zeit um 1600 v. Chr. datieren kann (M 4)?
4. Welche Kritik wird in M 5 an der Grabungsmethode Schliemanns geübt? Diskutiert, warum Schliemann so vorging und überlegt, ob seine Methode verständlich ist.

M 1 Die Ausbreitung der Griechen im Mittel- und Schwarzmeergebiet

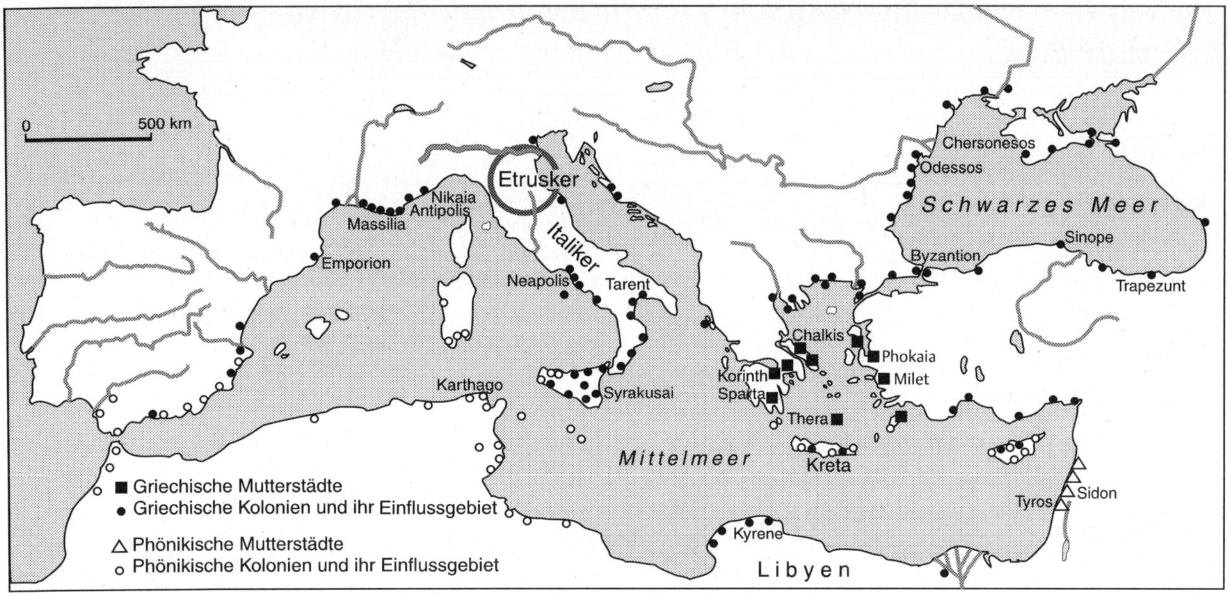

Günter Bosch, Stuttgart

M 2

Der griechische Schriftsteller Strabon berichtet von der Gründung der Stadt Syrakus

Archias, der von Korinth aus segelte, gründete Syrakus etwa um die gleiche Zeit, als Naxos und Megara (ebenfalls in Sizilien) erbaut wurden. Es wird berichtet, dass Myskellos und Archias, als sie das delphische Orakel anriefen, von Gott gefragt wurden, was sie vorzögen, Reichtum oder Gesundheit. Archias wählte Reichtum, Myskellos Gesundheit, und das Orakel übergab ersterem die Gründung von Syrakus, letzterem die von Kroton (in Unteritalien). [...] Auf seinem Weg nach Sizilien ließ Archias einen Teil der Expedition zurück, um die Insel zu besiedeln, die jetzt Korkyra (heute Korfu) heißt. [...] Sie vertrieben die Liburner, die hier wohnten, und errichteten eine Siedlung. Archias, der seine Reise fortsetzte, traf auf Dorer [...], die sich von den Siedlern aus Megara in Sizilien getrennt hatten. Er nahm sie mit und zusammen gründeten sie Syrakus.

M. I. Finley: Die frühe griechische Welt, C. H. Beck'sche Verlagsbuchhandlung, München 1982, S. 105

M 3

Lageplan von Syrakus

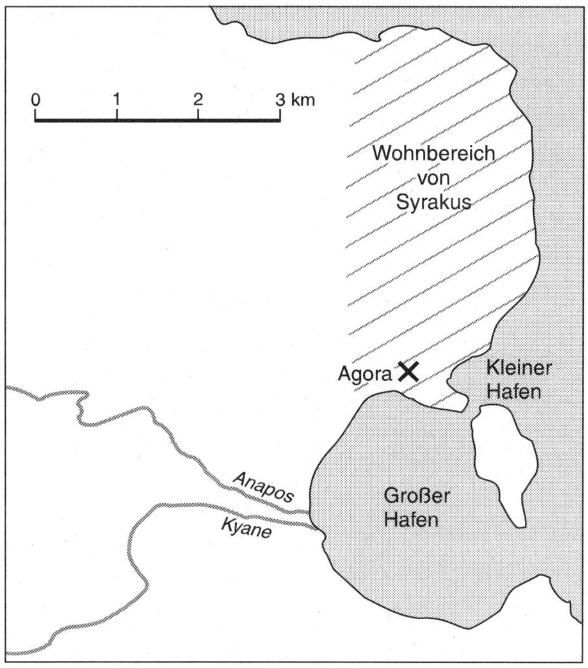

Günter Bosch, Stuttgart

M4

Das Vorgehen bei der Gründung von Kyrene (Libyen)

Als durch mehrere Missernten infolge jahrelanger Trockenheit auf der Insel Thera die Hungersnot drohte, fragte der König das Orakel von Delphi um Rat. Die weissagende Priesterin gab zur Antwort: „Apollo sendet euch nach Libyen. Dieses Land ist reich an Schafen. Dort sollt ihr eine Kolonie gründen."

Die Bewohner Theras waren über diesen Spruch wenig erfreut. Dennoch berief der König die Versammlung aller Bürger, und diese fasste folgenden Beschluss: Battos sollte das Kommando über die Auswanderer übernehmen. Jede Familie sollte einen Sohn als Kolonisten auslosen. Die das Los traf, mussten das Schiff besteigen. Erst wenn sich das Unternehmen als Fehlschlag erweisen sollte, durften die Auswanderer nach Thera zurückkehren, jedoch frühestens nach fünf Jahren.

Daraufhin fuhren vermutlich etwa 200 Auswanderer auf zwei Schiffen mit je 50 Ruderern ab. Auf der Insel Kreta nahmen sie einen ortskundigen Steuermann in ihren Dienst und landeten schließlich auf einer unwirtlichen Insel vor der Kyrenaika.

Da sie aber keinen geeigneten Platz zur Ansiedlung fanden, segelten sie zurück nach Thera. Die Theräer aber ließen sie nicht an Land gehen, sondern befahlen ihnen, wieder umzukehren. In ihrer Not ließen sie sich schließlich noch einmal auf einer Insel vor der Ostküste der Kyrenaika nieder. Von hier aus machten sie Streifzüge auf das Festland, nahmen Verbindung mit der einheimischen Nomadenbevölkerung auf, die sie sehr freundlich empfing. Aber erst nach sechs Jahren konnten sie im Einvernehmen mit der Eingeborenenbevölkerung an einer besonders günstigen Stelle auf dem Festland – landeinwärts – die Stadt Kyrene gründen, am Rande der oberen Hochebene, wo der Boden durch eine Quelle gut zu bewässern war und wo man daher eine Ackerbaukolonie anlegen konnte.

Als im Laufe der Zeit die Bevölkerung in der Kolonie zunahm und die Griechen sich deshalb immer weiteres Land aneigneten, kam es zu Kämpfen mit den Libyern. Aber die Griechen konnten sich behaupten.

Herodot IV, 150 ff. Zitiert nach: Schmid, H. D.: Fragen an die Geschichte, Bd. 1, 6. Auflage, © 1983, Cornelsen Verlag, Berlin, S. 54

M5

Griechische Gründungen – moderne Städte

Massilia	–	Marseille
Nikaia	–	Nizza
Neapolis	–	Neapel
Syrakusai	–	Syrakus
Byzantion	–	Byzanz (Istanbul)
Messana	–	Messina
Korkyra	–	Korfu

M6

Münzen zeigen den Reichtum der Kolonialstädte

Hirmer Verlag, München

M 7

Die Herstellung von Münzen

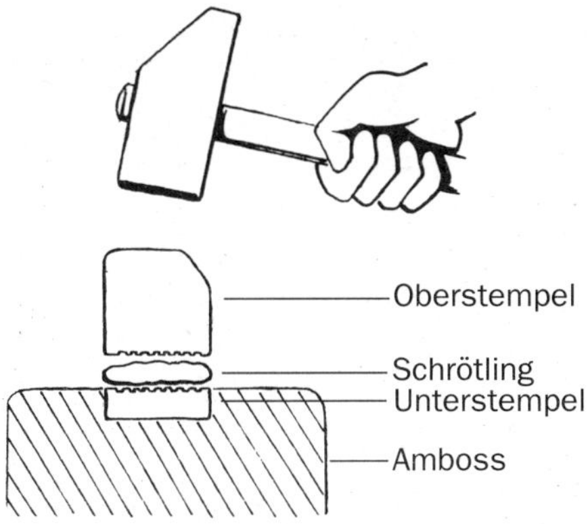

Sven Palmowski, Stuttgart

Aufgaben:

1. Sokrates beschrieb die Ausbreitung der Griechen mit folgenden Worten: „Wir sitzen um unser Meer, wie Frösche um einen Teich". Erkläre, was er damit meinte! Betrachte dazu die Karte M 1.
2. Nenne drei griechische Mutterstädte und drei Kolonien, deren heutige Namen du angeben kannst (M 1)!
3. Erläutere, warum und wie die Griechen Kolonialstädte anlegten (M 2 – M 4).
4. Wie verhielten sich die Kolonisten in den beiden Berichten (M 2, M 4) gegenüber der einheimischen Bevölkerung?
5. Erkläre, warum sie die Stadt Syrakus gerade an dieser Bucht gründeten (M 3)!
6. Kolonialstädte prägten Münzen. Stelle fest, aus welcher Stadt diese Münzen (M 6) jeweils stammen.
7. Beschreibe die verschiedenen Münzbilder (M 6). Warum wurden auf den Münzen wohl gerade diese Symbole abgebildet?
8. Erkläre anhand der Skizze (M 7), wie Münzen geprägt wurden.

M1 Anlage von Olympia

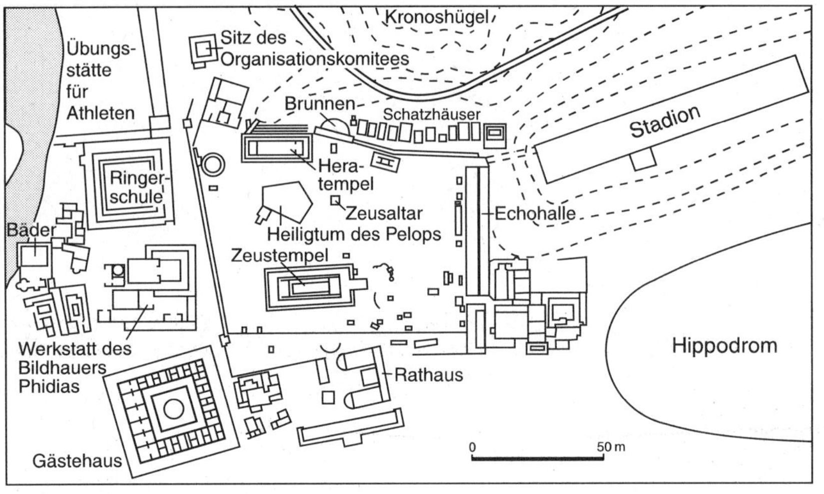

Günter Bosch, Stuttgart

M2

Olympischer Eid damals

Die Zeusstatue [...] hat den Beinamen Horkios (Schwurgott) und hält in jeder Hand einen Blitz. Bei ihr müssen die Athleten und ihre Väter und Brüder und auch die Lehrer über einem Eberopfer schwören, dass sie sich keinen Verstoß gegen die olympischen Wettkämpfe zuschulden kommen lassen werden [...] und dass sie sich insgesamt zehn Monate nacheinander der sorgfältigen Übung hingegeben hätten.

Pausanias 5,24,9. Zitiert nach Ingomar Weiler: Der Sport bei den Völkern der alten Welt. 2., durchges. Auflage. Darmstadt, Wissenschaftliche Buchgesellschaft 1988, S. 112

M4

Vorbereitungen für den Wettkampf

bpk, Berlin

M3

Olympischer Eid heute

Im Namen aller Wettkämpfer gelobe ich, dass wir in fairem Wettstreit an den Olympischen Spielen teilnehmen, und die für sie geltenden Regeln achten und befolgen werden, im Geiste sportlicher Fairness, zum Ruhme des Sports und zur Ehre unserer Mannschaften.

M5

Faustkampf – einst und jetzt

Bildarchiv Foto Marburg. Archäol. Nat.-Museum, Athen

M 6

Training für Olympia

Es übten sich aber die einen durch Tragen schwerer Lasten, die andern, indem sie in der Schnelligkeit mit Pferden und Hasen wetteiferten oder indem sie dicke Eisenplatten gerade und krumm bogen oder sich mit kräftigen Zugochsen anspannen ließen, schließlich Stiere bändigten oder gar Löwen. [...] Und man badete in Flüssen und Quellen und war gewohnt, auf der Erde zu schlafen, teils auf Häuten hingestreckt, teils auf Lagerstätten aus Heu von den Wiesen. Als Speise diente ihnen Gerstenbrot und aus Kleienmehl hergestelltes ungesäuertes Weizenbrot, und das Fleisch, das sie genossen, war vom Ochsen, Stier, Bock oder Reh. [...] Daher blieben sie bei den Übungen gesund und pflegten spät zu altern. Sie beteiligten sich bald acht, bald neun Olympiaden lang an den Wettkämpfen.

aus: Philostratos, Über Gymnastik, S. 43 ff. Zitiert nach: J. Jüthner, Philostratos, Über Gymnastik, Leipzig/Berlin 1909

M 7

Kurz- und Langstreckenlauf

British Museum, London

AKG (Erich Lessing), Berlin. Musée Vivinel, Compiegne

M 8

Weitere Disziplinen

1. Abb. von unten: bpk, Berlin. British Museum, London
2. Abb. v. unten: Bildarchiv Foto Marburg. Museum of Fine Arts, Boston
3. Abb. v. unten: bpk, Berlin
4. Abb. v. unten: Bildarchiv Foto Marburg. Villa Giulia, Rom

M 9

Olympischer Friede

Olympia ist ein heiliger Ort. Wer es wagt, diese Stätte mit bewaffneter Macht zu betreten, wird als Gottesfrevler gebrandmarkt. Ebenso gottlos ist aber auch jeder, der, wenn es in seiner Macht steht, eine solche Untat nicht rächt.

aus: Strabo, Geographica, Kap. 8. Zitiert nach: U. Natus (Hrsg.), Ist Olympia noch zu retten?, Beltz Verlag, Weinheim/Basel 1976, S. 19

M 10

Neue Disziplinen

1. Olympiade (776 v. Chr.)	Stadionlauf (192 m)
14. Olympiade (724 v. Chr.)	Doppellauf (2 Stadionbahnen, ca. 400 m)
15. Olympiade (720 v. Chr.)	Langlauf (20 Stadionbahnen, ca. 4 km)
18. Olympiade (708 v. Chr.)	Fünfkampf (Lauf, Speerwurf, Diskus, Weitsprung, Ringkampf)
23. Olympiade (688 v. Chr.)	Faustkampf
33. Olympiade (648 v. Chr.)	Pferderennen und Allkampf
65. Olympiade (520 v. Chr.)	Waffenlauf

nach: Ingomar Weiler, a.a.O., S. 110

M 11

„Besondere" Spiele

65 n. Chr.	Nero wurde Olympiasieger beim Wagenrennen, obwohl er vom Wagen fiel	
393 n. Chr.	Die letzten Spiele der Antike, bevor sie von Kaiser Theodosius als „heidnischer Brauch" verboten wurden.	
1896	Erste olympische Spiele der Neuzeit	
1916	Berlin	entfallen
1940	Helsinki, Tokyo	entfallen
1944	London	entfallen

M 12

Wettkämpfe und Sieger bei den ersten olympischen Spielen

Olympiade	Disziplin des Siegers	Herkunft
1. Olympiade (776 v. Chr.)	Stadionlauf	Elis
2. Olympiade (772 v. Chr.)	Stadionlauf	Elis
3. Olympiade (768 v. Chr.)	Stadionlauf	Messenien
4. Olympiade (764 v. Chr.)	Stadionlauf	Elis
5. Olympiade (760 v. Chr.)	Stadionlauf	Messenien

M 13

Siegreicher Athlet mit Auszeichnungen

Bildarchiv Foto Marburg. Hermitage Museum, Leningrad.

M 14

Der griechische Schriftsteller Pindar äußert sich über die Bedeutung eines Olympiasieges

In Olympia zu siegen, war das Höchste, was sich ein Mensch auf Erden überhaupt erträumen konnte, ein Glück, das dem ganzen Leben Glanz und unauslöschlichen Ruhm verleiht.

aus: Pindar, 1. Olympische Ode; zit. nach H.-V. Herrmann, Olympia – Heiligtum und Wettkampfstätte, Hirmer Verlag, München 1972, S. 10

M 15

Kritik des Philosophen Xenophanes an den olympischen Spielen

Wer mit Hilfe seiner schnellen Beine im Lauf oder auch im Tempelbezirk des Zeus im Fünfkampf siegt [...] verdient dennoch den Ruhm nicht so sehr wie ich. Denn die Weisheit des Philosophen ist edler als die körperliche Stärke von Männern und Pferden. Nein, der Brauch, die körperliche Stärke über die des Geistes zu stellen, hat keinen Sinn. Denn, selbst wenn ein Bürger tüchtig ist im Faustkampf, im Fünfkampf oder im Ringen, ja selbst wenn er der Beste im Schnelllauf ist, und sich so die Krone aller Leistungen erringt, so gilt dennoch: damit hat er die Verfassung des Staates nicht verbessert und die Allgemeinheit hat von seinen Leistungen nur geringen Nutzen.

aus: Xenophanes, fr. 2 D. Zitiert nach: F. Taeger, Das Altertum, Stuttgart, 4. Aufl. 1950, S. 257 (vereinfacht)

M 16

Kritik eines griechischen Schriftstellers an den olympischen Spielen

Kommt ihr in das Stadion, wer vermag das Geschrei und den Lärm zu beschreiben, die ungeheure Erregung, all die Schimpfworte, die man dort ständig hört. [...] Und wozu all dieses Durcheinander, der ganze Tumult? Was ist denn das für ein Wettkampf? [...] hier wird weder um ein Königreich noch um eine Frau gekämpft, noch steht das Leben auf dem Spiel, sondern es ist ein Kampf erbärmlicher Gestalten, der nur um das nichtsnutzige Geld geht. Einmal siegen sie, einmal unterliegen sie, aber immer sind es die gleichen.

aus: Dion Chrysostomos. Zit. nach H.-V. Herrmann, a.a.O., S. 18

M 17

Der Grieche Lukian lobt die Spiele

[...] wir finden es für richtig, dass sie [die jungen Bürger] sich der Temperatur der Jahreszeit anpassen, so dass ihnen weder die Hitze etwas anhaben kann noch dass sie bei Kälte versagen: wir dachten uns mannigfaltige Übungen aus, haben für jeden von ihnen einen Trainer bestellt und lassen nun dem einen das Boxen beibringen, anderen wieder den damit kombinierten Ringkampf, damit sie sich daran gewöhnen, die damit verbundenen Anstrengungen auszuhalten. Ihre derart durchgearbeiteten Körper werden unempfindlicher und kräftiger. Aber auch ein zweites ist nicht gering zu achten: Sie gewinnen so nämlich eine reiche Erfahrung, wenn sie einmal in die Lage kommen sollten, das Gelernte im Ernstfall auch mit der Waffe in der Hand anwenden zu müssen. [...] Wir trainieren die männliche Jugend, weil wir glauben, dass sie so zu tüchtigen Hütern unserer Stadt wird und wir durch sie in Freiheit leben können, indem wir die Feinde bezwingen, wenn sie uns angreifen sollten, und den Nachbarn Furcht einflößen, so dass die meisten sich vor uns ducken und vorziehen, Tribut zu entrichten. Aber auch im Frieden haben wir wiederum weit bessere Mitarbeiter an ihnen, da sie nicht nach Schimpflichem streben und auch nicht aus Faulheit in frevlerisches Tun verfallen, sondern sich eben nur mit solchen Aufgaben beschäftigen und ganz darin aufgehen. Das war es, was ich als allgemeines Gut und höchste Glückseligkeit einer Stadt bezeichnet habe: eine Jugend, die für den Frieden, aber auch für den Krieg aufs beste vorbereitet ist und sich für uns um die schönste Bestätigung müht.

aus: Lukian: Anarcharsis, 20–35

M 18

Symbol der modernen olympischen Spiele

© Nationales Olympisches Komitee für Deutschland, Frankfurt a. M.

Aufgaben:

1. Welchen Zweck verfolgten die Olympischen Spiele in der Antike? Betrachte die Skizze M 1 und erkläre sie!
2. Vergleiche den olymischen Eid in der Antike und der Gegenwart (M 2 / M 3) und erkläre, welche Bedeutung er hat!
3. Wie bereiteten sie die Athleten auf Olympia vor (M 4, M 6)? Erzähle davon!
4. Erkläre die Unterschiede und Gemeinsamkeiten des antiken und modernen Boxkampfes (M 5)!
5. Woran kann man die Kurz- und Langstreckenläufer erkennen (M 7)? Welchen Stellenwert haben diese Disziplinen heute?
6. Betrachte M 8 und überlege, welche Disziplin nicht mehr bei Olympia vertreten ist und welche neu hinzugekommen sind. Warum gab es Veränderungen?
7. Beschreibe und erkläre, welche Disziplinen in der Antike neu eingeführt wurden (M 10).
8. Worin liegt die „Besonderheit" der in M 11 genannten Spiele? Begründe deine Aussage!
9. Wie ist die Gleichförmigkeit der ersten Siegerlisten zu erklären (M 12)?
10. Beschreibe den Olympiasieger (M 13) und erkläre, woraus seine Siegerprämie bestand. Vergleiche mit M 14!
11. Wie wurden die Spiele in der Antike beurteilt? Fasse die Argumente zusammen, die in M 15–M 17 genannt werden und vergleiche sie. Was ist deine Meinung zu Olympia?

M1

Sparta – nur ein Heerlager für Männer?

Am Anfang freilich scheint die Zuchtlosigkeit der Frauen bei den Spartanern einen guten Grund gehabt zu haben. Infolge der Feldzüge waren die Spartaner lange Zeit weg von ihrer Heimat, im Kriege mit den Argivern, dann mit den Arkadern und den Messeniern. Als sie schließlich Ruhe hatten, erwiesen sie sich als schon vorbereitet für den Gesetzgeber durch das Leben im Kriege [...]; als dagegen, wie man berichtet, Lykurgos versuchte, auch die Frauen den Gesetzen zu unterwerfen, da widersetzten sie sich, so daß er darauf verzichtete.

aus: Aristoteles: Politik 1269a 34 ff., aus: E. Diehl, Anthologia Lyrica Graeca I, Griechische Lyrik, übersetzt von D. Ebner, © Aufbau-Verlag, Berlin und Weimar 1976, S. 51

M2

Das Los der Besiegten

Eseln vergleichbar, gebeugt unter der drückenden Last,
müssen sie ihren Gebietern, schmählich gezwungen, die Hälfte
geben von allem Ertrag, der aus dem Acker erwächst [...]
Klagen auch müssen sie, Männer wie Frauen, um ihren Gebieter,
wenn ihn das traurige Los bitteren Todes ereilt.

aus: Tyrtaios: Fragment 5. Übersetzt von D. Ebner, Griechische Lyrik in einem Band, © Aufbau-Verlag, Berlin und Weimar 1976

M3

Wo liegt Sparta?

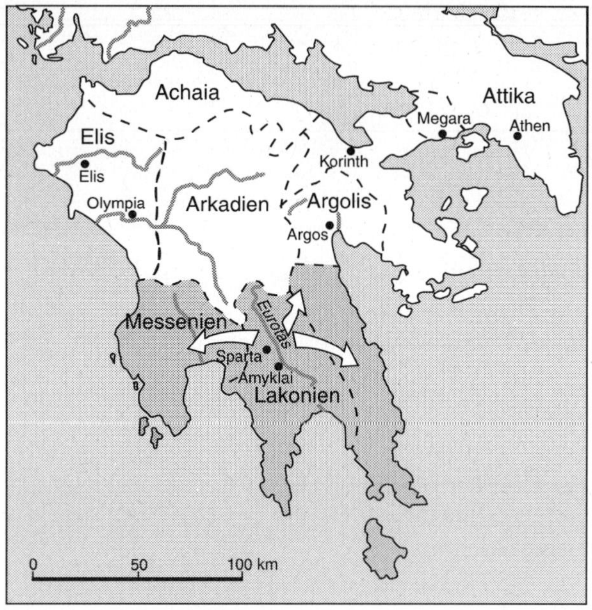

Günter Bosch, Stuttgart

M4

Erziehung der Mädchen

Lykurg wollte, dass der Körper der Mädchen durch Laufen, Ringen, Diskus- und Speerwerfen gekräftigt werde, damit die Zeugung der Kinder in kräftigen Körpern erfolge. Weichlichkeit, Verzärtelung und alles weibische Wesen verbannte er und gewöhnte die Mädchen ebenso wie die Jungen, bei gewissen Festen zu tanzen und zu singen.

aus: Plutarch, Lykurg 14 (bearbeitet)

M5

Erziehung der Jungen

Über die Aufzucht der neugeborenen Kinder hatten nicht die Väter zu entscheiden. Das Kind wurde an einen Ort gebracht, wo die Ältesten der Gemeindegenossen saßen und das Kind untersuchten und, wenn es gutgebaut und kräftig war, seine Erziehung anordneten und ihm Land zuwiesen. War es aber schwächlich oder missgestaltet, so ließen sie es zur sogenannten Ablage bringen, einem Felsabgrund am Taygetosgebirge. Denn sie dachten, dass es für einen Menschen, der von Anfang an nicht fähig sei, gesund und kräftig heranzuwachsen, besser sei, nicht zu leben – sowohl um seiner selbst wie um des Staates willen. Die Ammen zogen die Säuglinge ohne Windeln auf, damit diese die größtmögliche Bewegungsfreiheit hatten. Auch erzogen sie sie dazu, beim Essen nicht wählerisch zu sein, allein und im Dunkeln keine Angst zu haben, nicht launisch oder weinerlich zu sein. Die Knaben gab Lykurg nicht in die Hände gekaufter oder gemieteter Pädagogen, auch durfte niemand seinen Sohn bei sich behalten und ihn aufziehen, wie er wollte. Lykurg selbst nahm alle, sobald sie sieben Jahre alt waren, zu sich und teilte sie in Gruppen ein, in denen sie miteinander aufwuchsen, erzogen und daran gewöhnt wurden, beim Spiel wie bei ernster Beschäftigung immer beisammen zu sein. Als Führer der Gruppe wählten sie sich denjenigen, der sich durch Klugheit und Kampfesmut auszeichnete. Auf ihn blickten sie, hörten auf seine Befehle und unterwarfen sich seinen Strafen, so dass die Erziehung wesentlich in der Übung im Gehorsam bestand.

aus: Plutarch, Lykurg 16 (bearbeitet), © Artemis & Winkler Verlag Düsseldorf/Zürich

M6

Hopliten im Kampf

RMN, Paris. Musée du Louvre, Paris

M7

Hopliten – die Schwerbewaffneten

Ektodike Athenon, Athen. Nationalmuseum, Athen.

M8

Ein Spartaner ist immer auf Wache

Aus Misstrauen gegen die Heloten nimmt der Spartiat zu Hause ihnen den Riemen (Halterung des Schildes) aus dem Schilde. Da er dies aber im Feld nicht tun kann, weil hier oft rasches Handeln nötig ist, so geht er immer mit dem Speer in der Hand umher, in der Meinung, auf diese Weise dem Heloten überlegen zu sein, wenn er etwa mit dem Schilde allein meutern sollte. Sie haben sich auch einen Türverschluss ersonnen, der, wie sie glauben, einen von jener Seite kommenden Einbruch abwehren kann. Das bedeutet doch, ständig mit der Furcht als Hausgenossen zusammenzuleben, wobei man nicht aufzuatmen wagt wegen des Schrecklichen, das man ständig erwartet. Wie können denn Menschen [...] wahrhaft die Freiheit genießen, die beim Frühstücken, beim Schlafen und jeder anderen Beschäftigung die Furcht vor ihren Sklaven dazu zwingt, gewappnet zu sein?

aus: Libanios, 25. Rede 63 f. Nach: H. Diels, W. Kranz, Die Fragmente der Vorsokratiker, Weidmannsche Verlagsbuchhandlung, Hildesheim 1922

M 9 Phalanx

Hirmer Verlag, München

M 10

Spartanische Krieger: Nur in der Gemeinschaft haben sie Erfolg

Wenn ein Spartaner für sich alleine kämpft, so bedeutet er weniger als nichts, wenn sie aber gemeinsam kämpfen, sind sie die besten von allen. Grund ist dies, dass sie, obwohl sie frei sind, dies doch nicht vollständig sind, denn sie haben einen Herrn über sich, das Gesetz, das sie [...] fürchten.

aus: Herodot 7, 164, 4, aus: John K. Davies: Das klassische Griechenland und die Demokratie. Übersetzt von A. Wöhrle, mit Illustrationen von F.-K. Schäfer. © 1983 für die deutsche Ausgabe: Deutscher Taschenbuch Verlag, München 1983, S. 28

Aufgaben:

1. Was berichtet Aristoteles (M 1) über das Zusammenleben von Männern und Frauen in Sparta? Welche Aufgaben hatten die Männer in dieser Gesellschaft zu erfüllen, welche die Frauen?
2. Welche Situation schildert der spartanische Dichter Tyrtaios (M 2)? Welcher Tätigkeit gingen die unterworfenen Messenier ursprünglich nach? Wo kann man Hinweise im Text finden?
3. Wo liegt Sparta, und wohin dehnte es sich aus (M 3)?
4. Was war den Spartanern bei der Erziehung der Mädchen (M 4), was bei der der Jungen (M 5) wichtig?
5. Erläutere das Verhältnis zwischen Spartiaten und Heloten (M 8).
6. Beschreibe die dargestellten Hopliten (M 6/ M 7). Wie sind sie gekleidet, wie bewaffnet?
7. Erkläre, welche Vorteile eine geschlossene Phalanx aus Hopliten (M 9) für die Kriegführung hatte. Lies dazu auch M 10!

M1

Vom Königtum zur Adelsherrschaft

Die ältesten Familien und die Familien mit den größten Gütern hatten die ausschlaggebende Machtstellung inne. Sie hatten sich dem Königtum untergeordnet, als Aufruhr und Durcheinander drohten; aber als Ruhe und Ordnung zurückkehrten, sicherten sie sich wieder die [...] Beherrschung der Zentralgewalt. Als der König Kodros in heldenhafter Selbstaufopferung im Kampfe gegen die anstürmenden Dorier gefallen war, verkündeten sie (so ging die Sage), dass niemand seiner Nachfolge würdig sei, und ersetzten den König durch einen auf Lebenszeit gewählten Archon. 752 begrenzten sie die Amtszeit des Archonten auf zehn Jahre, 683 auf ein Jahr. Bei dieser Gelegenheit verteilten sie die Verantwortlichkeit des Amtes auf neun Archonten [...]

aus: W. Durant, Kulturgeschichte der Menschheit. Der Ferne Osten und der Aufstieg Griechenlands, Südwest Verlag GmbH & Co.KG, München 1976, S. 384

M2

Plutarch schildert die Auswirkungen der adeligen Herrschaft

Da nun damals die Ungleichheit zwischen arm und reich gleichsam den Gipfel erreichte, so befand sich die Stadt in einer höchst kritischen Lage. [...] Denn das ganze niedere Volk war den Reichen verschuldet. [...] Wenn sie unter Verpfändung ihres Leibes Schulden aufgenommen hatten, so wurden sie von ihren Gläubigern abgeführt und dienten teils im Lande als Sklaven, teils wurden sie in die Fremde verkauft. Viele waren auch genötigt, ihre eigenen Kinder zu verkaufen. [...] Die meisten und Kräftigsten jedoch taten sich zusammen und ermahnten einander, nicht länger ruhig zuzusehen, sondern einen zuverlässigen Mann zum Führer zu wählen, die Ausgepfändeten aus der Schuldhaft zu befreien, das Land aufzuteilen und überhaupt die Verfassung umzustürzen.

aus: Plutarch: Solon 13, Konrat Ziegler (Hrsg.), Große Griechen und Römer, Bd.1, übersetzt von K. Ziegler, © 1954 Artemis & Winkler Verlag, Düsseldorf/Zürich, S. 224f.

M3

Aristoteles beurteilt die politische Entwicklung in Athen

unter Solon:
Als nun Solon Herr der Lage geworden war, da befreite er das Volk für die Gegenwart und für die Zukunft, indem er Anleihen auf die Person untersagte, Gesetze erließ, einen Schuldenerlass durchführte. [...] Er setzte die Gesetze auf hundert Jahre fest und organisierte die Verfassung auf folgende Weise: Dem Vermögen nach teilte er das Volk in vier Gruppen. [...] Zu den Ämtern der neun Archonten hatten nur noch die drei obersten Klassen Zutritt. [...] Viele Vornehmen waren Solon feindlich gesinnt wegen der Schuldentilgung, und jede der Parteien hatte ihre Gesinnung ihm gegenüber verändert, weil die neue Verfassung ganz anders war, als sie erwartet hatten. Das Volk hatte gemeint, er würde den Besitz ganz aufteilen, und die Vornehmen, er würde die bisherigen Verhältnisse beibehalten oder nur wenig ändern. Solon aber stellte sich beiden entgegen.

aus: Aristoteles: Athenaion politeia 6,1 f. © Artemis & Winkler Verlag, Düsseldorf/Zürich

unter Peisistratos:
Die Angelegenheiten der Polis verwaltete Peisistratos [...] maßvoll und eher streng rechtlich als tyrannisch. Denn er war freundlich und von milder Art in vielen Dingen und nachsichtig gegenüber Fehlbaren. Den Armen gewährte er Mittel für ihre Arbeiten, so dass sie in der Landwirtschaft ihr Auskommen hatten. [...] Überhaupt hatte die Menge auch sonst in keiner Weise Anlass zur Klage während seiner Herrschaft und er bemühte sich immer um Frieden und Ruhe.

aus: Aristoteles: Athenaion politeia 16,2 f. © Artemis & Winkler Verlag, Düsseldorf/Zürich

unter Kleisthenes:
Auf Grund dieser Veränderungen wurde die Verfassung viel demokratischer als diejenige Solons. Die Solonischen Gesetze waren in der Zeit der Tyrannis verschwunden, dadurch, dass sie eben nicht mehr angewandt wurden, und Kleisthenes erließ neue Gesetze im Interesse der Menge, darunter auch dasjenige über den Ostrakismos (das Scherbengericht).

aus: Aristoteles: Staat der Athener 21 ff. © Artemis & Winkler Verlag, Düsseldorf/Zürich

M 4

Verfassungen Athens

Monarchische Verfassung Athens

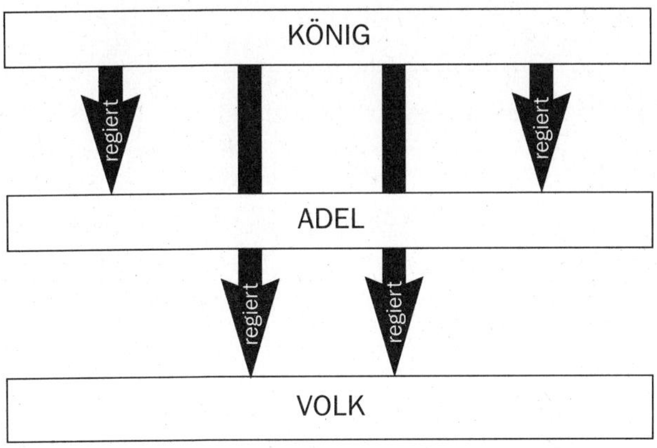

Aristokratische Verfassung Athens

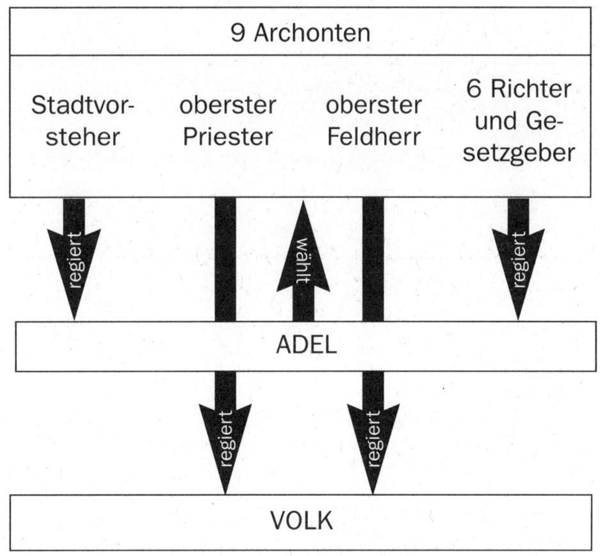

Die Verfassung Solons

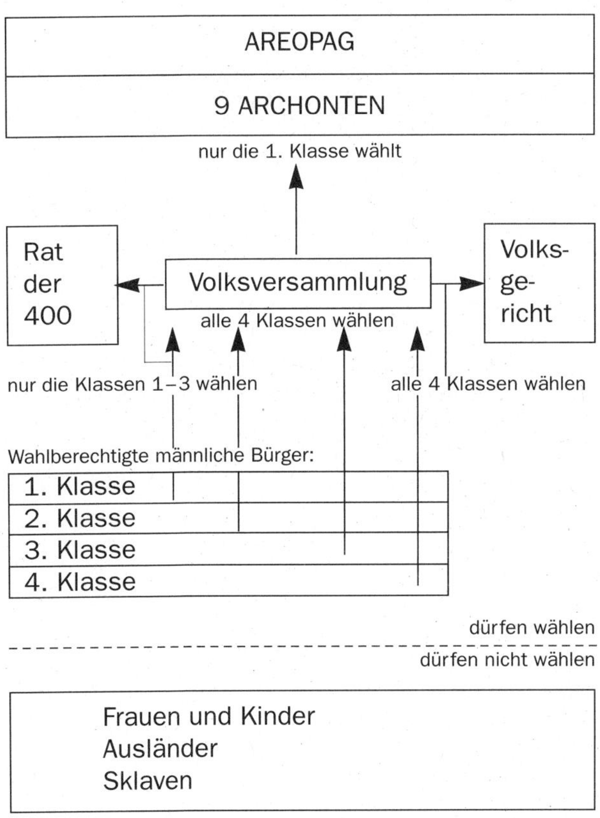

Die Verfassung des Kleisthenes

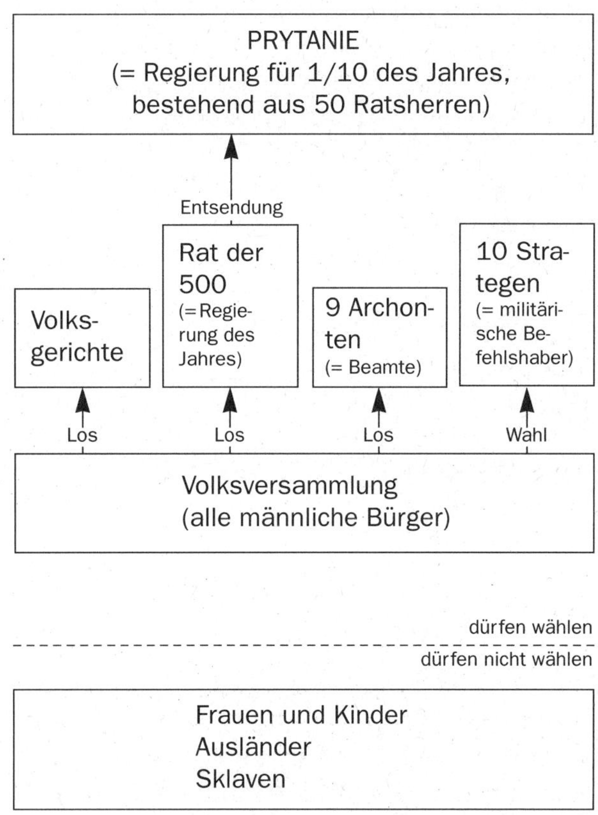

M 5

Tonscherbe (Ostrakon) mit dem eingeritzten Namen des Themistokles

Diapofilm, Diesterweg Verlag, Frankfurt a. M.

M 6

Plutarch berichtet von einem Scherbengericht aus dem Jahr 482 v. Chr.

Jeder Bürger nahm einen Scherben, schrieb darauf den Namen des Mannes, den er verbannen wollte, und brachte ihn an einem Ort auf den Markt, der rings mit Schranken umschlossen war. Die Beamten zählten zuerst die gesamten abgelieferten Scherben durch; dann ordneten sie die Scherben nach den Namen und verbannten den von der Mehrzahl Aufgeschriebenen auf zehn Jahre, doch so, dass er im Genusse seines Vermögens blieb.

aus: Plutarch: Aristeides 5 f., aus: Konrat Ziegler (Hrsg.), Große Griechen und Römer, Bd. 1, übersetzt von K. Ziegler, © 1954 Artemis & Winkler Verlag, Düsseldorf/Zürich

M 7

Ein Grieche äußert sich zur Mitbestimmung des Volkes

Die Ansicht, dass es immer noch besser sei, wenn die Menge den Ausschlag gebe statt der Minderheit der Vornehmsten, scheint sich als Lösung zu ergeben und lässt sich sogar bis zu einem gewissen Grad verteidigen, ja enthält vielleicht sogar etwas Wahres. Die Menge nämlich, in der zwar der Einzelne nicht tüchtig zu sein braucht, kann doch in ihrer Gesamtheit etwas Besseres sein als jene [die Vornehmen]. [...] Der Staat ist die Gemeinschaft gleichberechtigter Bürger mit dem Zweck, allen die beste Form des Lebens zu ermöglichen.

aus: Aristoteles: Politik, aus: W. Nestle (Hrsg.), Aristoteles' Hauptwerke, © Kröner Verlag, Stuttgart 1953, S. 89 ff.

M 8

Ein Perser äußert sich zur Mitbestimmung des Volkes

Dem Volk die Macht in die Hand zu geben, ist nicht der beste Rat. [...] Denn es gibt nichts Unvernünftigeres und Unverschämteres als die nutzlose Menge. Es wäre unerträglich, würde man sich von dem Übermut der Gewaltherrscher befreien, nur um dem ebenso großen Übermut einer zügellosen Menge ausgeliefert zu werden. Der Gewaltherrscher weiß wenigstens, was er will; die Masse weiß nicht einmal das. Wie sollte sie es auch wissen. Sie hat weder das Rechte gelernt noch einen natürlichen Sinn dafür, sondern stürzt sich ohne Verstand in die politischen Angelegenheiten. Lasst unsere Feinde Demokratie haben; wir aber sollten eine Anzahl der hervorragendsten Männer auswählen und ihnen die Herrschaft übergeben.

aus: Herodot: Historien III 78, aus: H. W. Haussig (Hrsg.), Herodot, Historien. © Kröner Verlag, Stuttgart 1955

Aufgaben:

1. Warum fand König Kodros keinen Nachfolger. Wer zog aus dem Übergang von der Monarchie zur Aristokratie einen Nutzen (M 1)?
2. Wen schätzt Aristoteles höher: Solon, Peisistratos oder Kleisthenes (M 3)? Welche Argumente bringt er vor?
3. Vergleiche die Verfassungen Athens (M 4). Welche Rolle kommt der Bevölkerung Athens in der Politik jeweils zu, in welcher Verfassung hat das einfache Volk (Bauern, Handwerker, Händler) am meisten Rechte? Welche Rechte haben die Adeligen, welche der König?
4. Was sollte durch das Scherbengericht (M 5 / M 6) erreicht werden? Hältst du dieses Vorgehen für gerecht?
5. Wie beurteilen Aristoteles und der Perser die Rolle des einfachen Volkes in der Politik (M 7 / M 8)?
6. Soll die Politik heute nur Sache von Fachleuten oder die Angelegenheit aller sein (M 7 / M 8)? Begründe deine Meinung!

M1 Griechenland und Persien – ein Größenvergleich

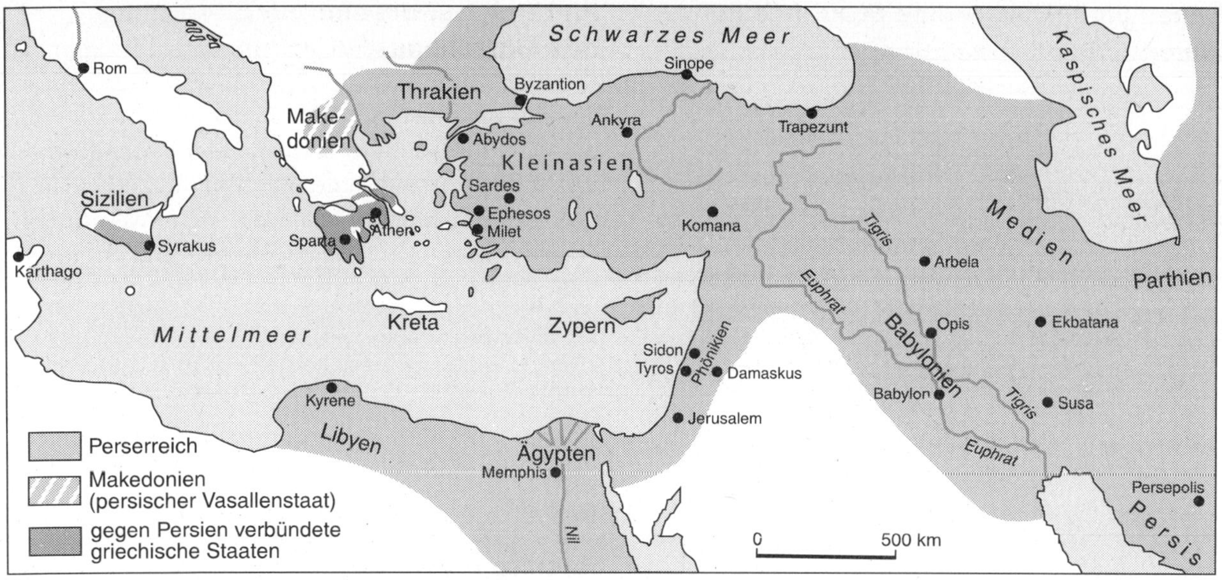

Günter Bosch, Stuttgart

M2

Unterhaltung eines Spartaners und eines Persers über ihre Wertvorstellungen

„Ihr Spartaner, warum sträubt ihr euch eigentlich, Freunde des Königs zu werden? Ihr seht doch, wie es der König versteht, tapfere Männer zu ehren. Da der König euch als tapfere Männer schätzt, könnte jeder von euch, wenn ihr euch dem König ergäbet, griechisches Land beherrschen durch die Gunst des Königs.“

„Perser, dein Rat kommt aus einer ganz anderen Welt und geht uns nichts an. Denn du rätst uns so, weil du das eine kennst, vom anderen aber keine Ahnung hast: Knecht zu sein, das verstehst du; Freiheit aber hast du nie erfahren, nie, ob sie süß ist oder nicht. Wenn du sie nämlich erlebt hättest, dann lautete dein Rat an uns wohl, nicht bloß mit Speeren für sie zu kämpfen, sondern sogar mit Beilen.“

aus: A. Horneffer, Herodot Geschichten VII/135 (vereinfacht).

M3

Ein Grieche im Kampf mit einem Perser

Hirmer Verlag, München

M4

Athen und Piräus – eine Stadt und ihr Hafen

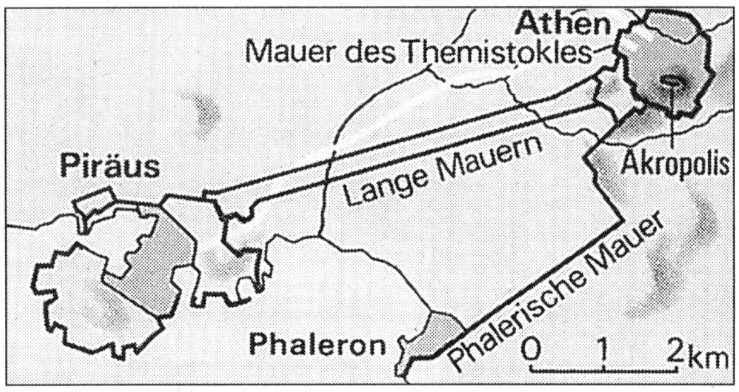

aus: Erinnern und Urteilen, Bayern, Bd. 6, Ernst Klett Verlag, Stuttgart, S. 72

M5

Athen wird evakuiert

Themistokles trat mit einem Antrag vor das Volk, alle waffenfähigen Männer sollten die Schiffe besteigen; jeder solle seine Kinder, seine Frau und die Sklaven in Sicherheit bringen, so gut er könne. Das wurde auch beschlossen. So fuhr die ganze Stadt aufs Meer hinaus. Der Anblick erschütterte viele, und viele staunten über den Mut der Athener, die ihre Familien anderswo unterbrachten und, ungerührt vom Jammer, nach Salamis übersetzten. Voller Mitleid dachte man an die Bürger, die wegen ihres hohen Alters in der Stadt zurückblieben. Und mit wehmütiger Rührung sah man auf die zahmen Haustiere, die ihren Herren heulend und winselnd bis an die Schiffe nachliefen.

aus: Plutarch: Themistokles 10 (gekürzt), aus: Erinnern und Urteilen, Bd. 6 © Ernst Klett Verlag, Stuttgart

M6

Ruderer in der Triere

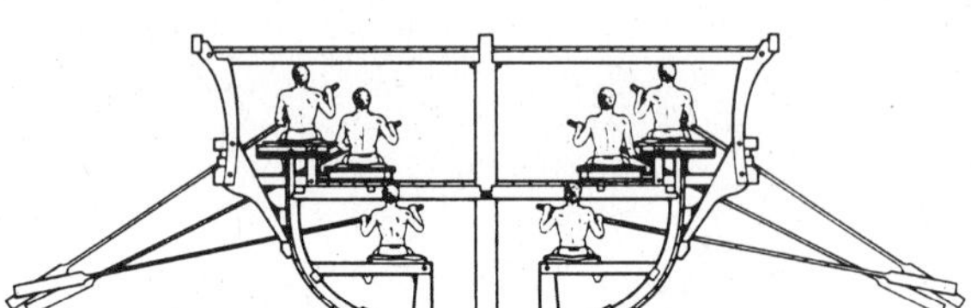

aus: Die Macht des Geistes, Time-Life Bücher, Amsterdam

M7

Plutarch äußert sich zur Bedeutung des Flottenbaus

Themistokles hat die Stadt an den Hafen, das Land ans Meer geknüpft. Er stärkte dadurch den Einfluss des Volkes gegenüber der Aristokratie und pflanzte ihm ein stolzes Selbstgefühl ein, da nun Matrosen, Rudermeister und Steuerleute die Macht in die Hände bekamen.

aus: Plutarch: Themistokles 19, aus: K. Ziegler/W. Wuhrmann (Hrsg.), Römer und Griechen. Vita parallelae (gekürzt), © 1955 Artemis & Winkler Verlag, Düsseldorf/Zürich

M8

Ansicht einer Triere

aus: Askani/Wagener, Anno 1, Westermann Schulbuchverlag, Braunschweig

M9

Die Schlacht bei Salamis

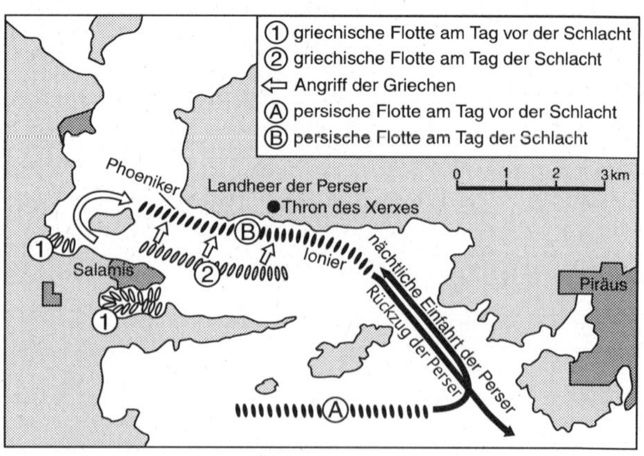

Günter Bosch, Stuttgart

M10

Der Verlauf der Perserkriege

500–494 v. Chr.	Erhebung der Griechen in Ionien gegen die Herrschaft des Perserkönigs Dareios I. (Ionischer Aufstand)
490–480 v. Chr.	Abwehr der Perser in den Perserkriegen
490 v. Chr.	Schlacht bei Marathon: Sieg der Griechen
480 v. Chr.	Schlacht bei den Thermopylen: Sieg der Perser
480 v. Chr.	Seesieg der Griechen bei Salamis: Sieg der Griechen über die persische Flotte
479 v. Chr.	Landschlacht bei Plataä: Sieg der Griechen über die persischen Truppen

M11

Die Eule der Athene

British Museum, London

M12

Athen – Mittelpunkt der griechischen Welt

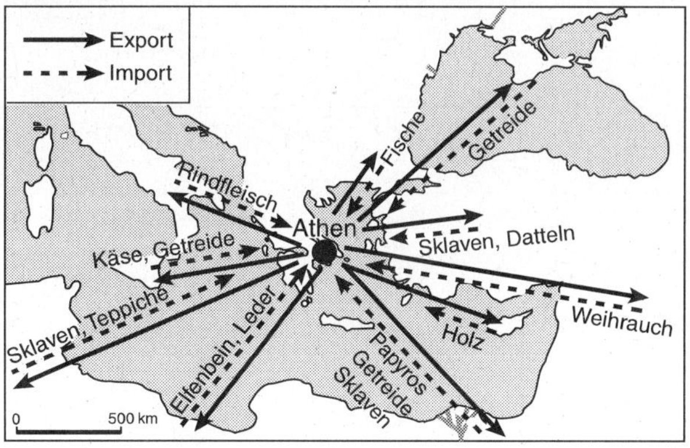

Günter Bosch, Stuttgart

Aufgaben:

1. Welche Unterschiede zwischen Persien und den griechischen Staaten kannst du feststellen (M 1/M 2)? Welchen Ausgang eines griechisch-persischen Krieges würdest du deshalb erwarten?
2. Vergleiche die beiden Kämpfer (M 3)! Wie wirkt der Grieche auf dich, wie der Perser? Überlege, was der Künstler mit diesem Vasenbild aussagen wollte und ob er Grieche oder Perser war.
3. Erkläre, welche Bedeutung der Hafen und die „Langen Mauern" für Athen und seine Einwohner hatte (M 4/M 5)!
4. Wie führten die Griechen eine Seeschlacht (M 6, M 8)?
5. Welche Bedeutung hatte die Flottenpolitik des Themistokles (M 7, M 9, M 12)?
6. Erläutere anhand der Zeittafel (M 10) den Verlauf und das Ergebnis der Perserkriege!
7. Die Eule galt als heiliger Vogel der Athene, der Schutzgöttin der Stadt Athen. Überlege, warum diese Münze (wie die athenische Währung überhaupt) nach den Perserkriegen im gesamten Mittelmeergebiet Gültigkeit hatte (M 11).
   Oben links kannst du im Bild einen kleinen Ölzweig erkennen. Warum ist er wohl hier auf einer Münze aus Athen abgebildet? Nimm die Karte (M 12) bei deinen Überlegungen zu Hilfe!

M1

Stadtplan von Athen

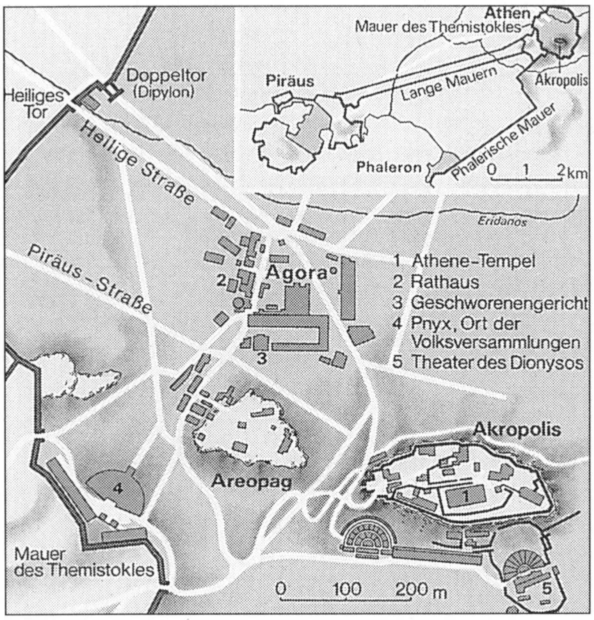

aus: Erinnern und Urteilen, Bayern, Bd. 6, Ernst Klett Verlag, Stuttgart, S. 72

M2

Wichtige Gebäude und Plätze

Agora: Ursprünglich Markt-, später Versammlungsplatz einer griechischen Polis. Dort trafen sich die wahlberechtigten Männer, um über die Belange der Stadt zu diskutieren.

Akropolis: Heiliger Bezirk Athens. In der griechischen Frühzeit befand sich hier die Burg des Königs und der Adeligen.

Areopag: Früher höchstes Gericht in Athen. Zur Zeit des Perikles hatte der Areopag an Macht verloren und nur noch bei Mord zu entscheiden.

Boule: Tagungsort des Rates der Fünfhundert, der die Volksversammlungen vorbereitete, auf diese aber keinen Einfluss ausüben konnte.

Dionysos-Theater: Hier fanden anlässlich von religiösen Feierlichkeiten Aufführungen statt, die sich oft mit der aktuellen politischen Lage Athens befassten. Perikles zahlte den Besuchern Tagegelder, den Obolos, damit sie für einen Tag die Arbeit ruhen und sich den Theaterbesuch leisten konnten.

Pnyx: In den Fels gehauener Tagungsort der Volksversammlung. In der Mitte stand der Zeus-Altar, auf dem vor Versammlungsbeginn Opfer dargebracht wurden.

Stoa: Gerichtsgebäude, in dem die Volksgerichte tagten. Es gab keine Berufsrichter, Richter wurden aus dem Volk für ein Jahr per Los bestimmt.

M3

Die direkte Demokratie – jeder kann mitentscheiden

Keystone Archive, Zürich

M4

Wer durfte in Athen die Politik bestimmen?

		zum Vergleich:	
antikes Athen		**BR Deutschland**	
wahlberechtigt sind:			
Vollbürger	40 000	Frauen und Männer über 18 Jahren	53 Mio.
nicht wahlberechtigt sind:			
Frauen und Kinder von Vollbürgern	130 000	Kinder und Jugendliche	20 Mio.
Metöken	35 000	Ausländer	7 Mio.
Sklaven	110 000		
Gesamtbevölkerung	315 000		80 Mio.

M 5

Perikles erklärt, was er unter Demokratie versteht

Wir leben in einer Staatsform, die die Einrichtungen anderer nicht nachahmt; eher sind wir für etliche ein Vorbild, als dass wir andere uns zum Muster nähmen. Mit Namen wird sie, weil wir uns nicht auf eine Minderheit, sondern auf die Mehrheit im Volk stützen, Volksherrschaft (Demokratie) genannt. Und es genießen auch alle für ihre eigenen Angelegenheiten vor den Gesetzen gleiches Recht; in der öffentlichen Bewertung jedoch fragt man allein nach dem Ansehen, das sich jemand auf irgendeinem Felde erworben hat und nicht die Zugehörigkeit zu einem bestimmten Volksteil, sondern allein die persönliche Tüchtigkeit verleiht im öffentlichen Leben einen Vorzug. Auch wird bei Armut keiner, der doch dem Volke Gutes zu leisten vermöchte, um der Geringheit seines Standes willen ausgeschlosssen. Bei uns allein heisst nämlich einer, der dem politischen Leben gänzlich fernsteht „unnütz".

aus: Thukydides, Die Rede des Perikles für die Gefallenen, aus: Hellas und Hesperien, Bd. I, Zürich / Stuttgart, © Artemis & Winkler Verlag, Düsseldorf / Zürich

M 6

Gesichtspunkte gegen die Demokratie

Was die Verfassung der Athener anbelangt, kann ich es freilich nicht billigen, dass sie sich gerade für diese entschieden haben; denn hiermit haben sie zugleich die Entscheidung getroffen, dass es die Gemeinen (= einfachen Leute) besser haben als die Edlen.

aus: Pseudo-Xenophon: Athenaion politeia I,1. Übersetzung von E. Kalinka, Leipzig/Berlin 1913, S. 65 ff.

M 7

Wer war Perikles?

Perikles stammte von beiden Eltern her aus vornehmster Familie. Sein Lehrer in Musik und Geistesbildung soll Damon gewesen sein, ein berüchtigter Philosoph und Lehrer der Redekunst. Da sein Aussehen und seine Stimme an den gestürzten Tyrannen Peisistratos erinnerten und weil er durch seine vornehme Herkunft auch reich war und einflussreiche Freunde hatte, fürchtete er anfangs das Scherbengericht. Als sich Perikles zur Politik entschloss, trat er deshalb auf die Seite der besitzlosen Masse [...] Durch Tagegelder für den Besuch der Schauspiele und durch Besoldung der Volksrichter gewann er die niederen Volksschichten und konnte mit ihrer Hilfe die Befugnisse des Areopags beschränken. Diese Oberbeamten wurden durch das Los bestimmt und rückten im Anschluss an ihre Amtszeit in den Areopag ein. Perikles war jedoch nie durch das Los Oberbeamter geworden.

aus: Plutarch: Perikles 3.4 ff., aus: Konrat Ziegler (Hrsg.), Große Griechen und Römer, übersetzt von K. Ziegler, © Artemis & Winkler Verlag, Düsseldorf / Zürich

M 8

Perikles – wirklich ein Demokrat?

Perikles vermied auch einen steten Verkehr mit dem Volk, und damit es seiner nicht so bald überdrüssig würde, pflegte er sich ihm nur dann und wann zu zeigen. Daher nahm er nicht bei jedem Anlass das Wort, trat auch nicht immer vor dem Volke auf, sondern machte sich rar [...] und erledigte selbst nur die wichtigsten Geschäfte; die anderen ließ er durch seine Freunde und durch ergebene Politiker besorgen.

aus: Plutarch: Perikles 3.4 f., a.a.O., S. 17

Aufgaben:

1. Führe einen Freund/eine Freundin durch das antike Athen! Zeige ihm/ihr dabei die wichtigsten Gebäude und öffentlichen Einrichtungen und erkläre deren Bedeutung (M 1 / M 2).
2. Rechne aus, wie viele Bewohner Athens wählen durften; stelle einen Vergleich zur Bundesrepublik Deutschland an und erkläre die Unterschiede (M 4).
3. Überlege, was die Vor- und Nachteile einer direkten Demokratie sind (M 3)!
4. Welche Kennzeichen einer Demokratie nennt Perikles (M 5)? Gelten diese auch heute noch?
5. Entkräfte die Behauptung in M 6!
6. War Perikles ein Demokrat (M 7 / M 8)? Welche Argumente sprechen dafür, welche dagegen?

M1

Bürgerfrauen bei der täglichen Arbeit

© Martin v. Wagner-Museum der Universität Würzburg. Foto: K. Öhrlein

M3

Amme und Zögling

AKG, Berlin. Musée du Louvre, Paris

M2

Frauen am Webstuhl

Metropolitan Museum, New York

M4

Der Grieche Lysias berichtet von seiner Ehe

Nachdem ich nämlich mich entschlossen hatte zu heiraten und eine Frau in mein Haus geführt, benahm ich mich gegen sie zuerst so, dass ich ihr weder etwas zu Leide tat noch auch ihr zu sehr freie Hand ließ zu tun, was sie wollte, sondern sie soviel als möglich bewachte und, wie es sich gebührte, mein Auge auf sie gerichtet hielt. Hierauf aber, seitdem ich ein Kind von ihr hatte, da schenkte ich ihr auch alsbald mein Vertrauen und überließ ihr alles was ich hatte, in der Überzeugung, dieses sei das festeste Band der häuslichen Gemeinschaft. In der ersten Zeit nun war sie die beste Frau von der Welt; war sie doch eine geschickte, sparsame und alles pünktlich verwaltende Haushälterin.

aus: Lysias I 6f., aus: Sarah B. Pomeroy, Frauenleben im klassischen Altertum, © 1985 Kröner Verlag, Stuttgart, S. 122f.

M5

Mutter und Kind

Envoi des Musées Royaux d'Art et d'Histoire, Bruxelles

M6

Xenophon äußert sich zur Rolle von Frau und Mann

Es scheint mir, dass die Götter dieses Gespann, das man das Weibliche und das Männliche nennt, in bester Voraussicht zusammengefügt haben, damit sie in Gemeinschaft einander nützlich sind. Zuerst einmal heiratet das Paar, um miteinander Kinder zu zeugen. Dann wird erreicht, dass sie im Alter eine Stütze für sich selbst besitzen. Weiterhin ist es bei den Menschen nicht wie bei den Tieren üblich, im Freien zu leben, sondern sie benötigen offensichtlich Obdach. Wenn die Menschen Vorräte unter dem Dach anlegen wollen, brauchen sie allerdings jemanden, der die Arbeit unter freiem Himmel verrichtet. Denn Pflügen, Säen, Pflanzen und auch Weiden sind Beschäftigungen im Freien. Aus diesen wird der Lebensunterhalt gewonnen. Sobald das nun im Haus ist, ist wiederum jemand erforderlich, der es verwahrt und der solche Arbeiten verrichtet, die innerhalb des Hauses anfallen. Der Schutz des Daches ist notwendig bei der Versorgung der neugeborenen Kinder; unter dem Dach muss die Aufbereitung der Feldfrüchte stattfinden, ebenso die Herstellung der Kleidung aus Wolle. Da nun jede der beiden Tätigkeiten der Ausführung bedürfen, hat Gott die Frau für die Arbeiten und Besorgungen im Haus, den Mann für die Tätigkeiten außerhalb ausgestattet.

aus: Xenophon, Oikonomikos 7, 18 ff. (gekürzt)

M7

Frau mit Dienerin

Hirmer Verlag, München

M8

Frau beim Lesen

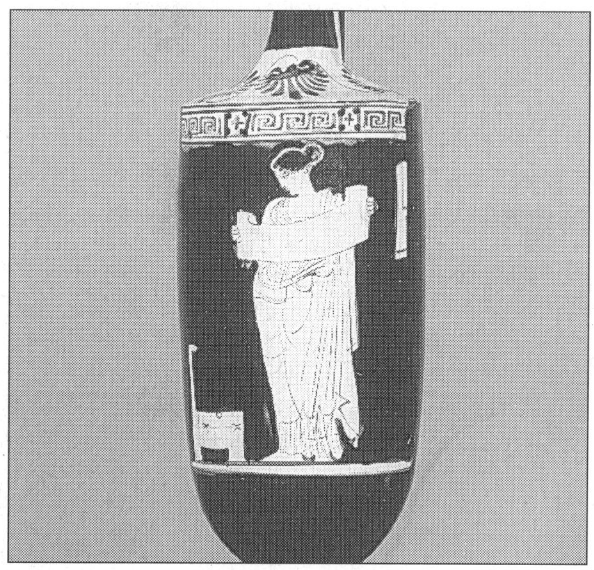

Photo RMN, Paris. Musée du Louvre, Paris

M 9 Tanzendes Mädchen

bpk, Berlin. Foto: Christa Begall

Aufgaben:

1. Beschreibe die vier Abbildungen (M 1–M 3, M 5) und überlege, aus welchen gesellschaftlichen Schichten diese Frauen stammen könnten!
2. Erkläre, was auf den Bildern M 7, M 8 und M 9 zu sehen ist. Welcher Gesellschaftsschicht gehören die hier dargestellten Frauen wohl an?
3. Vergleiche die Tätigkeiten der Frauen der Oberschicht mit dem, was einfache Frauen im alten Athen arbeiteten. Erkläre die Unterschiede!
4. Wie verhält sich der Ehemann seiner Frau gegenüber (M 4)? Wann ändert er sein Verhalten? Welche Eigenschaften schätzt er an seiner Frau? Nenne sie und überlege, ob du ebenso geantwortet hättest.
5. Welche Rollen weist Xenophon, ein Gelehrter aus Athen, Mann und Frau zu (M 6)? Stimmt das mit den Beobachtungen überein, die du beim Betrachten der Bilder machst?

M1

Kleinkind mit Eltern

British Museum, London

M2

Wie sich der Philosoph Sokrates die Erziehung vorstellt

Wir müssen sorgfältig darauf achten, welche Geschichten den Kindern von ihren Ammen und Müttern erzählt werden. Nur die guten lassen wir zu. Die gegenwärtig erzählten Geschichten sind größtenteils auszuscheiden, solche zum Beispiel, in denen Götter und Helden ihrem Wesen nach schlecht dargestellt werden, und Erzählungen von Kriegen, Anschlägen und Kämpfen der Götter untereinander. Es muss größter Wert darauf gelegt werden, dass in den Erzählungen, die die Kinder als erste hören, Zucht und Anstand aufs beste gewahrt werden. Und die Mütter sollen auch die Kinder nicht durch Schauermärchen von Göttern erschrecken, die in der Nacht in Gestalt von irgendwelchen Fremden herumwandeln.

aus: Platon, Der Staat, II, 378 a ff. (gekürzt), übersetzt von K. Vretska, © 1974 Reclam Verlag, Stuttgart, S. 2ff.

M3

Ein Junge mit seiner Mutter

aus: Geschichte lernen, Heft 2, März 88, Friedrich Verlag, Seelze, Abb. 11

M4

Mädchen auf der Schaukel

aus: a.a.O., Abb. 28

M 5

Ein Mädchen beim Spielen

aus: a.a.O., Abb. 30

M 6

Junge mit Reifen

aus: a.a.O., Abb. 36

M 7

Wie sollten Jungen erzogen werden?

Doch der Knabe ist unter allen Lebewesen dasjenige, das am schwersten zu behandeln ist; weil er nämlich in sich eine Quelle des Denkens hat, die noch nicht in die richtige Bahn gelenkt ist, zeigt er sich umso schlauer und verschlagener und übermütiger als alle anderen Tierlein. Darum muss man ihn also gleichsam mit vielen Zügeln zurückbinden, zunächst einmal, wenn er nicht mehr bei seiner Mutter und seiner Wärterin ist, durch Aufseher, die sein kindisches und törichtes Wesen leiten können, und dann durch Lehrer, die ihn in allen Fächern unterrichten, und durch die Lerngegenstände selbst, sofern er ein Freigeborener ist; handelt es sich aber um einen Sklaven, so soll jeder Freie, der gerade dazukommt, die Züchtigung vornehmen.

aus: Platon, Gesetze. Zit. nach R. Rilinger: Lust an der Geschichte: Leben im antiken Griechenland, © Piper Verlag, München 1990, S. 88 f.

M 8 Junge beim Schwimmen

Scala, Florenz. Museo Paesto

M 9

Zum Vergleich: Knabenerziehung in Sparta

Lesen und Schreiben lernten sie nur soviel, wie sie brauchten; die ganze übrige Erziehung war darauf gerichtet, dass sie pünktlich gehorchen, Strapazen ertragen und im Kampfe siegen lernten. Daher verschärften sie bei fortschreitendem Alter das Training, schoren sie bis auf die Haut und gewöhnten sie, barfuß zu gehen und ihre Übungen in der Regel nackt zu halten. Sobald sie zwölf Jahre alt waren, gingen sie stets ohne Unterkleidung, bekamen nur einen Mantel aufs Jahr, waren am ganzen Körper schmutzbedeckt und durften weder baden noch sich salben, bis auf wenige Tage des Jahres. [...] Sie schliefen zusammen in Gruppen und Untergruppen auf Streuschütten, die sie selbst zusammentrugen, indem sie die Spitzen des am Eurotas wachsenden Schilfes mit bloßen Händen ohne Messer abbrachen.

aus: Plutarch, Lykurg 16 ff., aus: K. Ziegler / W. Wuhrmann (Hrsg.), Römer und Griechen. Vitae parallelae, übersetzt von K. Ziegler (gekürzt), © 1954 Artemis & Winkler Verlag, Düsseldorf / Zürich, S. 47

Aufgaben:

1. Beschreibe, was die Kinder auf den Bildern M 1 und M 3 gerade tun!
2. Erkläre die Erziehungsvorschläge des Sokrates (M 2). Was will er damit erreichen, was vermeiden?
   Vergleiche die Meinung des Sokrates mit heutigen Auffassungen, die du kennst.
3. Womit beschäftigen sich die Kinder und Jugendlichen auf den Bildern M 4 – M 6 und M 8? Vergleiche die Spiele mit Kinderspielen von heute!
4. Fasse Platons Vorschläge zur Erziehung der Jungen (M 7) zusammen und überlege, ob sie sinnvoll sind!
5. Vergleiche die Art und das Ziel der athenischen (M 1 – M 8) und der spartanischen Erziehung (M 9)! Welche Unterschiede gibt es?

M1

Wer ist ein Metöke?

Ebensowenig am Staatsleben beteiligt waren die Metöken [...]. Metöken (metoikoi = Mitwohner) waren länger in Athen lebende Ausländer. Sie waren Freie, hatten eine bestimmte Steuer zu entrichten (metoikion) und mussten die militärischen Verpflichtungen eines Bürgers erfüllen, wirkten aber nicht in den politischen Institutionen mit und hatten nur bei besonderer Verleihung das Recht, Grundeigentum zu haben. Landwirtschaftliche Produktion war also nach wie vor der wichtigste Erwerbszweig des Atheners, und die Metöken waren darauf verwiesen, sich in anderen Berufen, vor allem im Gewerbe und im Handel, zu betätigen.

aus: W. Schuller, Griechische Geschichte, © Oldenbourg Verlag, München 1991, S. 36

M2

Beschreibung junger Sklaven

In einem Begleitbrief zu einer Sendung junger Sklaven von Alexandrien nach Athen wurden diese so beschrieben:

Haimos, ca. 10 Jahre
dunkelhäutig
kraushaarig
schwarzäugig
ziemlich große Kinnladen und Muttermale auf der rechten Kinnlade
unbeschnitten

Atikos, ca. 8 Jahre
gelbbraun
kraushaarig
etwas breitnasig
schwarzäugig
Narbe unter dem rechten Auge
unbeschnitten

Audomos, ca. 10 Jahre
schwarzäugig
kraushaarig
stupsnasig
vorgestülpte Lippen
Narbe neben dem rechten Auge
beschnitten

Okaimos, ca. 7 Jahre
rundgesichtig
stupsnasig, blauäugig
rötliche Hautfarbe
schlank
Narbe auf der Stirn über dem rechten Auge
beschnitten

aus: J. Hengstl (Hrsg.), Griechische Papyri aus Ägypten als Zeugnisse des öffentlichen und privaten Lebens, © 1978 Artemis & Winkler Verlag, Düsseldorf/Zürich, S. 296

M3

Sklaverei – eine Selbstverständlichkeit?

Von Natur also ist jener ein Sklave, der einem andern zu gehören vermag und ihm auch gehört, und der soweit an der Vernunft teilhat, dass er sie annimmt, aber nicht besitzt [...] Die Natur hat außerdem die Tendenz, auch die Körper der Freien und der Sklaven verschieden zu gestalten, die einen kräftig für die Beschaffung des Notwendigen, die anderen aufgerichtet und ungeeignet für derartige Verrichtungen, doch brauchbar für das politische Leben [...] Es ist also klar, dass es von Natur Freie und Sklaven gibt und dass das Dienen für diese zuträglich und gerecht ist.

aus: Aristoteles, Politik 1253b ff.

M4

Ein Grieche äußert sich zur Sklaverei

Wie viel besser ist es doch, einen anständigen Herren zu bekommen, als niedrig und schlecht als Freier zu leben.

aus: Philemon, Fragmente 227k

M5

Sklaven im Silberbergwerk

bpk, Berlin. Staatliches Museum Berlin (Ost)

M 6

Der Historiker Xenophon lobt die Bauern …

Wir gelangten zu der Ansicht, dass für einen ehrenwerten und rechtschaffenen Mann die vornehmste Betätigung und Kenntnis in der Landwirtschaft zu sehen sei, mit deren Hilfe sich die Menschen ihren Lebensunterhalt verschaffen. Diese Beschäftigung nämlich schien uns die leichteste beim Lernen und die angenehmste in der Ausübung zu sein, ebenso die schönsten und kräftigsten Körper hervorzubringen und den Menschen am wenigsten Zeit wegzunehmen.

aus: Xenophon, Oikonomikos 6, 8 ff., aus: Klaus Meyer, Xenophons „Oikonomikos" – Übersetzung und Kommentar, Marburg 1975

M 7

… und tadelt die Handwerker

Denn gerade die so genannten handwerklichen Arbeiten sind verrufen und werden aus gutem Grund in den Poleis besonders verachtet. Sie schädigen nämlich die Körper der Arbeitenden und Aufseher, indem sie diese zwingen, zu sitzen und im Hause zu arbeiten; manche nötigen sie sogar dazu, den ganzen Tag am Feuer zuzubringen. Sind ihre Körper erst verweichlicht, wird auch der Geist ernsthaft geschwächt. Auch gewähren die so genannten handwerklichen Arbeiten am wenigsten freie Zeit, sich noch um Freunde oder die Angelegenheiten der Polis zu kümmern.

aus: Xenophon, Oikonomikos 4, 2 ff., a.a.O.

M 8

Wer hatte welchen Beruf und welche Aufgabe?

Kreuze an, was möglich ist (auch Mehrfachnennungen).

	Vollbürger	Metöken	Sklaven
Bauer			
Geschworener			
Pädagoge			
Sitz im Rat der 500			
Diener			
Händler			
Teilnahme am Ostrakismos			
Schreiner			
Fischer			
Mitglied der Volksversammlung			
Töpfer			
Bergwerksarbeiter			

Aufgaben:
1. Wie unterscheiden sich Metöken von Vollbürgern (M 1)?
2. Was kannst du aus der Beschreibung der Sklaven (M 2) entnehmen? Worauf legten die Käufer Wert, was wollten sie wissen?
3. Wer eignet sich nach Aristoteles (M 3) zum Sklaven, wer nicht?
4. Vergleiche M 4 und M 5 und beschreibe die Lebensweise der Sklaven.
5. Fasse zusammen, wie der griechische Historiker Xenophon Bauern und Handwerker einschätzt (M 6 / M 7).

M1 Unterricht im alten Athen

bpk, Berlin

M2

Berühmte Mathematiker: Thales von Milet und Pythagoras

Thales beschäftigte sich u.a. mit Geometrie. Er fand heraus, dass sich über dem Halbkreisdurchmesser rechtwinklige Dreiecke errichten lassen, deren Ecken (A, B, C) jeweils auf diesem Halbkreis liegen:

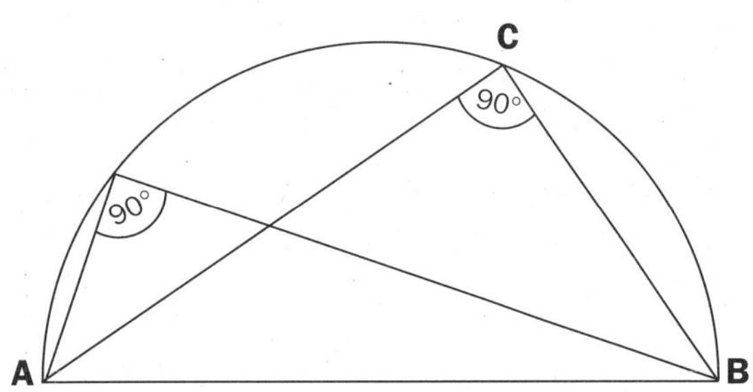

Satz des Pythagoras: Im rechtwinkeligen Dreieck ist der Flächeninhalt des Quadrates über der Hypotenuse gleich der Summe der Flächeninhalte der Quadrate über den Katheten ($a^2 + b^2 = c^2$):

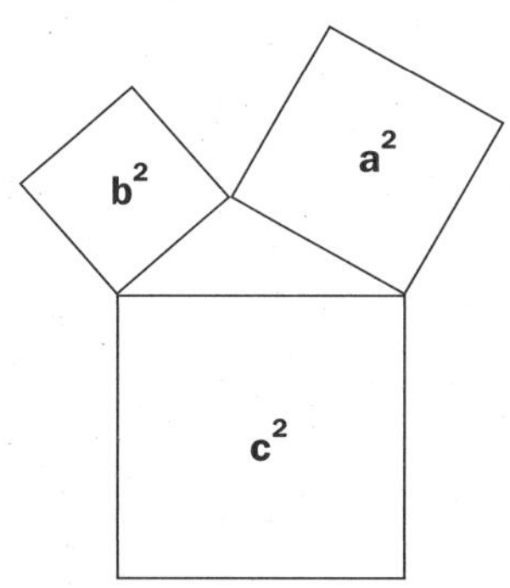

M3

Hippokrates appelliert an die Verantwortung der Ärzte:

Ich schwöre bei Apollon […]. Ich werde die Grundsätze der gesunden Ernährung und Lebensweise nach bestem Wissen und Können zum Heil der Kranken anwenden, dagegen nie zu ihrem Verderben und Schaden.
Ich werde auch niemandem eine Arznei geben, die den Tod herbeiführt, auch nicht, wenn ich darum gebeten werde, auch nie einen Rat in dieser Richtung erteilen. Ich werde auch keiner Frau ein Mittel zur Vernichtung keimenden Lebens geben. […] In welche Häuser ich auch gehe, die werde ich nur zum Heil der Kranken betreten und jedes wissentliche Unrecht und Verderben meiden und verhüten. Was ich in meiner Praxis sehe oder höre oder außerhalb dieser im Verkehr mit Menschen erfahre, was niemals anderen Menschen mitgeteilt werden darf, darüber werde ich schweigen in der Überzeugung, dass man solche Dinge geheimhalten muss.

aus: W. Capelle, Hippokrates. Fünf auserlesene Schriften.

M4

Sokrates, ein Philosoph in Athen

AKG (Erich Lessing), Berlin. Musée du Louvre, Paris

M5

Aussprüche und Anekdoten von Sokrates

„Ich weiß, dass ich nichts weiß."

„Es ist etwas Großes", erklärte einer, „wenn man an das Ziel seiner Wünsche gelangt."
„Gewiss", meinte Sokrates, „aber noch größer ist es, wunschlos zu sein."

Als sein Prozess anstand, kümmerte sich Sokrates nur wenig darum, obwohl er auf Leben und Tod angeklagt war.
„Wäre es nicht besser, wenn du mehr an deine Verteidigung dächtest?" fragte ihn ein Schüler.
„Wieso", erwiderte Sokrates. „Mein bisheriges Leben ist Verteidigung genug."

Nachdem das Todesurteil feststand, klagte Sokrates' Frau, weil er unschuldig sterben müsse.
„Du dummes Weib", wies sie Sokrates zurecht, „wäre es dir lieber, ich würde schuldig sterben?"

„Es ist dasselbe, zu wissen, was gerecht ist und gerecht zu sein."

M6

Herodot, Vater der Geschichtsschreibung

Herodot, der viel reiste, berichtet in seinen „Historien" vom Leben der Ägypter und von den Perserkriegen.

British Museum, London

M 7

Das griechische Alphabet

1. Großbuchstabe, 2. Kleinbuchstabe, 3. Name, 4. Laut

1.	2.	3.	4.
Α	α	Alpha	a
Β	β	Beta	b
Γ	γ	Gamma	g
Δ	δ	Delta	d
Ε	ε	Epsilon	e
Ζ	ζ	Zeta	z
Η	η	Eta	ä
Θ	θ	Theta	t (th)
Ι	ι	Jota	i, j
Κ	κ	Kappa	k
Λ	λ	Lambda	l
Μ	μ	My	m
Ν	ν	Ny	n
Ξ	ξ	Xi	x
Ο	ο	Omikron	o
Π	π	Pi	p
Ρ	ρ	Rho	r
Σ	σ	Sigma	s
Τ	τ	Tau	t
Υ	υ	Ypsilon	ü, u
Φ	φ	Phi	f (ph)
Χ	χ	Chi	ch
Ψ	ψ	Psi	ps
Ω	ω	Omega	o

M 8

Griechische Wörter und ihre deutsche Bedeutung

1. ΑΘΛΗΤΗΣ
2. ΒΑΡΒΑΡΟΣ
3. ΔΗΜΟΚΡΑΤΙΑ
4. ΠΟΛΙΣ
5. ΠΟΛΙΤΕΙΑ
6. ΦΙΛΟΣΟΦΙΑ

M 9

Thukydides begründet die Geschichtswissenschaft

Thukydides, der Nachfolger Herodots, beschrieb in acht Büchern den Kampf der Athener gegen die Spartaner. Weil er alles so genau aufschrieb, gilt er als Begründer der Wissenschaft von der Geschichte.

bpk, Berlin

Aufgaben:

1. Betrachtet das Vasenbild (M 1) und berichtet, was griechische Schüler lernen sollten. Vergleicht Schule und Schulbildung damals und heute.
2. Erklärt mit eigenen Worten, was Thales und Pythagoras herausgefunden hatten (M 2).
3. Noch heute sind Ärzte an den Hippokratischen Eid gebunden. Erkläre, was dieser damals wie heute bewirken sollte (M 3).
4. Erklärt die Aussagen des Philosophen Sokrates (M 5). Was wollte er damit sagen?
5. Begründet die Behauptung, im alten Griechenland sei die Geschichtswissenschaft erfunden worden (M 6/M 9). Warum beschäftigte man sich damals mit Geschichte?
6. Erkläre unser Wort „Alphabet“ (M 7).
7. Übersetze mit Hilfe des griechischen Alphabets (M 7) die Begriffe (M 8).

M 1 Einst ein Heiligtum, heute eine kulturelle Attraktion – die Akropolis

AKG, Berlin. Holzstich, um 1890, von Georg Rehlender

M 2 Der Tempel des Zeus in Olympia

Bildarchiv Foto Marburg

1 Krepis (Stufenbau)
2 Stylobat (‚Säulenstuhl')
3 Säulenschaft mit Schwellung (Entasis)
4 Kapitell
5 Architrav
6 Triglyphen-Metopen-Fries
7 Triglyphe
8 Metope
9 Akroter
10 Ante

M 3 Griechische Säulen

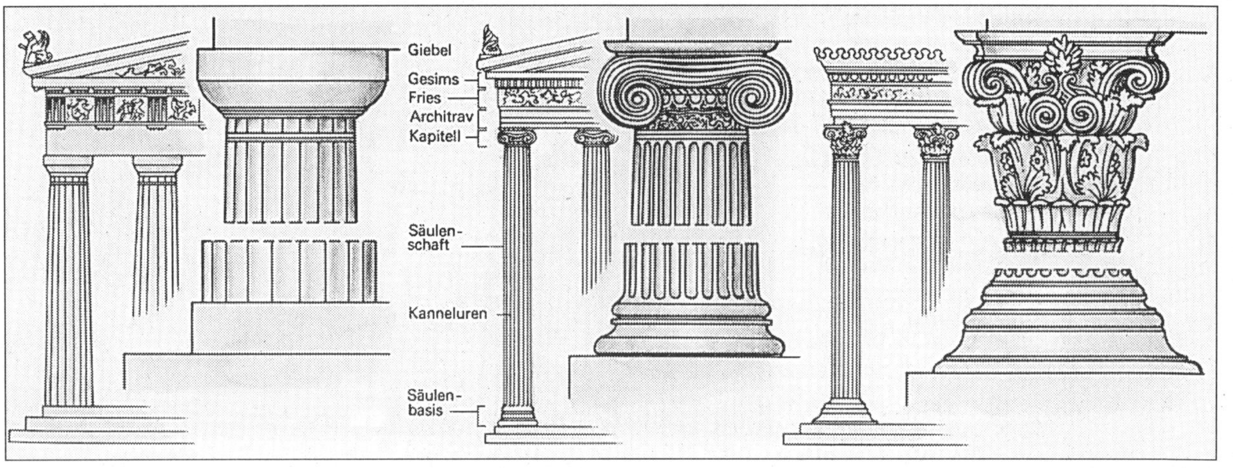

aus: Erinnern und Urteilen, Bayern, Bd. 6, Ernst Klett Verlag, Stuttgart, S. 56

M 4 Der Aufbau eines griechischen Tempels

aus: Heinloth, Geschichte 1, Oldenbourg Verlag, München. Bildarchiv Foto Marburg

Aufgaben:

1. Beschreibt die Akropolis, wie sie einst angelegt war. Vergleicht sie mit ihrem heutigen Zustand (M 1, M 4). Warum ist sie noch immer ein Anziehungspunkt für Touristen?
2. Nennt Gemeinsamkeiten und Unterschiede von der Akropolis und dem Zeus-Tempel (M 1 / M 2). Geht dabei auf die Anzahl der Säulen ein. Was könnt ihr aus diesen Beobachtungen folgern?
3. Erklärt, wie griechische Säulen aufgebaut waren (M 3). Welche verschiedenen Stile gab es und wie unterschieden sich diese?

M 1 Das Theater von Epidauros

bpk (Kraft), Berlin

M 2

Der Aufbau eines griechischen Theaters

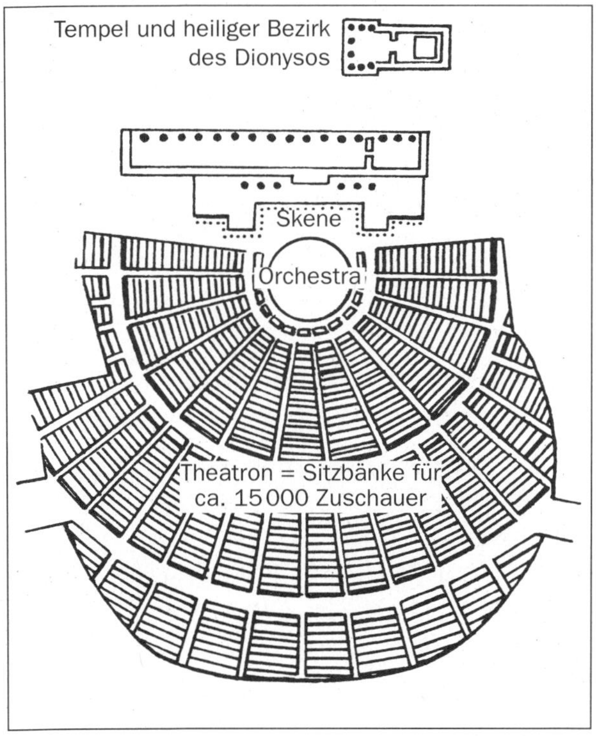

Sven Palmowski, Stuttgart

M 3

Hilfsmittel des Schauspielers: Maske und Kothurn

Bulloz, Paris

M 4

Die Entstehung der attischen Tragödie

Das antike (attische) Theater ging aus ursprünglich kultischen Handlungen hervor. Am Anfang steht der Dithyrambus, ein Kultlied zu Ehren des Dionysos, des Gottes des Weins und der Ekstase. Um dieses Lied auszugestalten, tanzten die Mitglieder des Chores als Böcke verkleidet dazu. Im 5. Jahrhundert wurde dieser Dithyrambus dann erweitert, es entstanden die sogenannten ‚Großen Dionysien', ein Festakt zu Ehren des Dionysos. 534 v. Chr. führte Thespis dann den ersten Schauspieler ein, indem er dem Chor einen einzelnen Sprecher gegenüberstellte. Aischylos erweiterte das Personal um den zweiten, Sophokles um den dritten Schauspieler: Die Tragödie, bestehend aus drei Schauspielern und dem Chor, war geboren. Statt des ausschließlichen Chorgesangs bediente man sich nun des Dialogs.

aus: C. J. Gigl, Die Entstehung der attischen Tragödie, in: Deutsche Literaturgeschichte, © Stark Verlag, Freising 1993, S. 4

M 5

Die Funktion der attischen Tragödie

Brauchten die Athener die Tragödie? Und brauchten sie sie vielleicht kaum weniger notwendig als die Volksversammlung und den Rat der Fünfhundert und all die anderen Institutionen der Demokratie? Es ist unbestreitbar, dass die attische Bürgerschaft im fünften Jahrhundert (zur Zeit des Perikles) von ganz außerordentlicher Beschaffenheit war und sich in einer ganz ungewöhnlichen Lage befand. Zum ersten Mal in der Weltgeschichte war es dazu gekommen, dass die breiten Schichten der Bürgerschaft regelmäßige, kräftige Mitsprache und schließlich den entscheidenden Anteil an der Politik erlangten. [...] Um die Zeit, aus der die ältesten uns überlieferten Tragödien stammen, hatte die attische Bürgerschaft, vorwiegend ungebildete, kaum erfahrene Männer, [...] infolge der Perserkriege einen weiten Herrschaftsbereich gewonnen, war sie fast schon zur Vormacht in der Ägäis geworden.

aus: Christian Meier, Die Politische Kunst der griechischen Tragödie, C. H. Beck'sche Verlagsbuchhandlung, München 1988, S, 5 f.

Aufgaben:

1. Beschreibe, wie das griechische Theater aufgebaut war und überlege, wo sich die Schauspieler, wo die Zuschauer befanden (M 1 / M 2). Was ist am griechischen Theater anders, als du das von heute kennst?
2. Warum benützten die Schauspieler damals Stelzschuhe (Kothurn) und Masken? Bedenke, dass nur Männer als Schauspieler auftreten durften (M 3)!
3. Schildere in eigenen Worten die Entwicklung der Tragödie (M 4).
4. Warum ist es richtig, von der politischen Funktion des Theaters zu sprechen (M 5)?

M1 Alltag in Athen

Sven Palmowski, Stuttgart

M2 So wohnten Handwerker und Händler

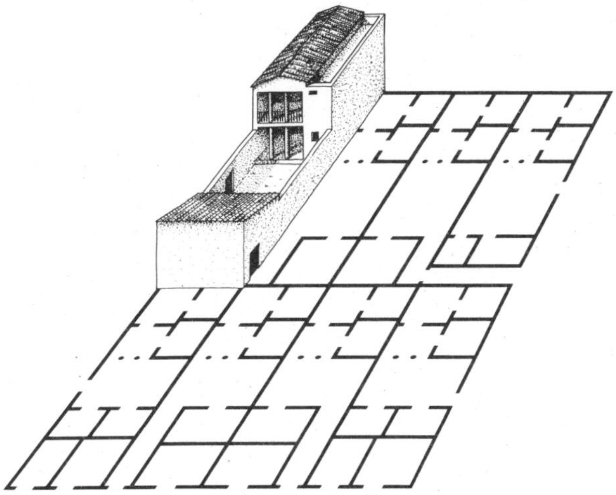

aus: Spektrum der Weltgeschichte, Das tägliche Leben, Time-Life Bücher, Amsterdam

M3 In einer Töpferwerkstatt

AKG, Berlin. Holzstich v. Heinrich Leutemann (1824–1905)

M4 Im Speisezimmer

Friedrich Verlag, Seelze

M5 Beim Fischhändler

Scala, Florenz. Museo Mandralisca

M 6

Eine städtische Wohnanlage

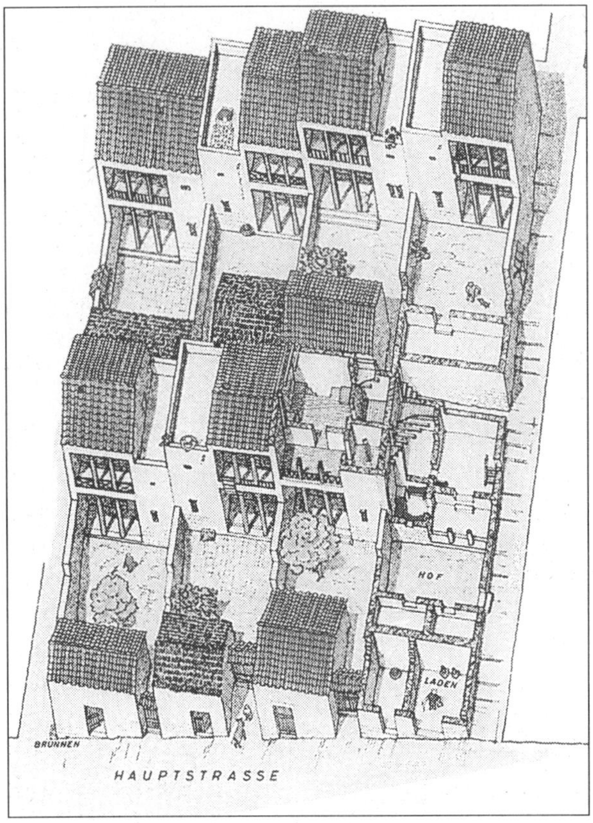

aus: F. Hofmeier (Hrsg.): Wege durch die Geschichte, Cornelsen Verlag Hirschgraben, Frankfurt a. M.

M 7

Vater, Mutter und ihr Kind

British Museum, London

Aufgaben:

1. Erzähle, was die Menschen auf der Agora, dem Marktplatz von Athen, taten (M 1).
2. Beschreibe den Grundriss des Hauses und erkläre, wofür die einzelnen Räume vorgesehen waren (M 2).
3. Wie war die Wohnanlage gestaltet (M 6)? Vergleiche mit Wohnhäusern bzw. Wohnsiedlungen von heute!
4. Beschreibe das griechische Speisezimmer und erkläre, wofür es diente (M 4)!
5. Berichte von der Arbeit der Männer in Athen (M 3, M 5).
6. Eine Familie im alten Athen (M 7): Ist sie mit einer Familie von heute vergleichbar?

M 1

Was erobert Alexander?

Als wieder einmal Boten an den mazedonischen Königshof kamen, die einen neuen Sieg Philipps meldeten, erbleichte Alexander. Und da alle andern voll Siegesfreude waren und ihn fragten, warum er so dreinblicke, als sei ihm ein Unglück zugestoßen, sagte er: „Was wird mir zu erobern übrig bleiben, da mein Vater so viel erobert!"

aus: Hans Baumann, Der große Alexanderzug, © Franz Ehrenwirth Verlag, München 1994, S. 11

M 2

Alexander zähmt das Pferd Bukephalos

Der Mazedonenkönig liebte nichts so sehr wie Pferde. Eines Tages bot ihm ein Grieche einen riesigen Rappen an, der auf der Stirn einen schneeweißen Flecken hatte, wie er bei Rindern oft zu finden ist. Deswegen wurde das Pferd Bukephalos genannt, was „Ochsenkopf" heißt. Der Grieche wollte dreizehn Talente dafür; das ist so viel wie fünf schöne Häuser wert sind.
Das Pferd gefiel allen, auch dem König. Aber als er es reiten wollte, stieg es hoch, warf die Mähne und tanzte auf der Hinterhand. Und als des Königs bester Reiter sich auf das Pferd schwang, wurde er auf das Feld geschleudert.
Der König ärgerte sich und fuhr den Verkäufer an: „Geh mir mit diesem schwarzen Wildfang aus den Augen! Er taugt zu nichts."
Da bat Alexander seinen Vater: „Lass mich das Pferd reiten! Es gibt auf der ganzen Welt kein besseres Pferd."
„Niemand kann es reiten", sagte König Philipp. „Auch dich wird es abwerfen."
„Dann bezahle ich die dreizehn Talente", sagte Alexander. Alle waren belustigt, und der König schloss mit seinem Sohn eine Wette ab. Dann ging Alexander ruhig zum Pferd und kehrte es in die Sonne. Nun konnte es den eigenen Schatten nicht mehr sehen und ließ sich führen. Alexander begann mit dem Pferd zu sprechen. Bukephalos spitzte die Ohren. Als Alexander zu laufen anfing, fiel Bukephalos in Trab. Da streifte Alexander den Mantel ab und schwang sich auf das Pferd. Bukephalos setzte zum Galopp an und flog wie eine Wolke vor dem Wind. Wer es sah, hielt den Atem an. Außer dem Schlagen der Hufe war kein Laut zu hören. König Philipp und mit ihm alle hatten Angst um den jungen Reiter.
Doch Alexander rief Bukephalos fröhliche Worte zu. Nach einer weiten Schleife brachte er das Pferd vor dem König zum Stehen. Und obgleich nun alle begeistert schrien, versuchte Bukephalos nicht auszubrechen.

aus: Hans Baumann, Der große Alexanderzug, © Franz Ehrenwirth Verlag, München 1994, S. 12 f.

M 3

Alexander löst den Gordischen Knoten

Die Götter hatten Midas einen Wagen geschenkt, dessen Deichsel mit einem Seil aus dem Bast der Kornelkirsche befestigt war. Der Knoten war so kunstvoll geknüpft, dass niemand die Enden finden konnte. Nach altem Glauben sollte dem, der den Knoten lösen konnte, die Herrschaft über Asien zufallen. Alexander versuchte den Knoten aufzumachen. Lange bemühte er sich vergeblich. Auf den Gesichtern seiner Begleiter zeigt sich Besorgnis darüber, dass er sich in ein solches Wagnis eingelassen habe.
Schließlich zog Alexander sein Schwert und hieb den Knoten durch. Die Enden des Seiles, die nun zum Vorschein kamen, deuteten auf ihn.
Alle, die das sahen, glaubten das Orakel erfüllt. Noch dazu erschien am heiteren Himmel eine Wolke, aus der ein Blitz fiel, was von allen als Zeichen göttlicher Zustimmung genommen wurde.

aus: Hans Baumann, Der große Alexanderzug, © Franz Ehrenwirth Verlag, München 1994, S. 27 f.

M 4

Warum zieht Alexander nach Persien?

Alexander schreibt an den persischen Großkönig Darius:
Eure Vorfahren sind gegen Makedonien und das übrige Griechenland gezogen. Sie haben uns ohne unser Verschulden schwer geschädigt. Ich bin zum Feldherrn aller Griechen ernannt. Ich will an den Persern Vergeltung üben.

aus: Arrian, Alexanders des Großen Siegeszug durch Asien, eingeleitet und übertragen von W. Capelle, © 1950 Artemis & Winkler Verlag, Düsseldorf/Zürich

M 5 Der große Alexanderzug

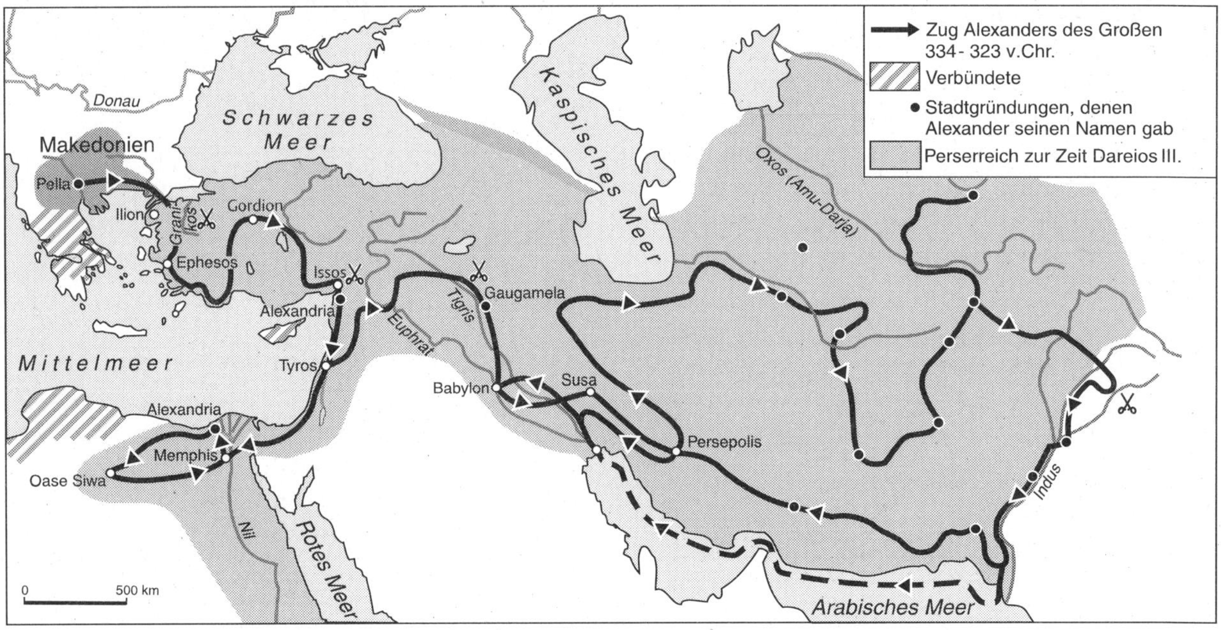

Günter Bosch, Stuttgart

M 6

Wichtige Stationen des Alexanderzuges

- In **Gordion** löst Alexander den Gordischen Knoten. Die Überlieferung besagt, dass er durch diese Tat zum Herrn über Asien wird.
- Erste Begegnung der Griechen mit den Persern am Fluss **Granikos:** Die Griechen siegen.
- Alexander besucht mit seinem Heer die Reste des antiken **Ilion** und besucht das Grab des Achilles.
- Alexander lässt den Königspalast in **Persepolis** anzünden. Damit soll die Zerstörung der Akropolis durch die Perser in den Perserkriegen gesühnt werden.
- Schlacht bei **Gaugamela:** Alexander schlägt das letzte Heer des Perserkönigs.
- Alexander erobert **Ägypten** und gründet die Stadt Alexandria.
- Unsere Großväter lernten: 333 – bei **Issos** Keilerei
- „Massenhochzeit von **Susa**“: 10 000 Makedonen heiraten eine Perserin, auch Alexander.
- Expedition zur **Oase Siwa:** Dort erfährt Alexander, dass er ein Sohn des Gottes Zeus sein soll.
- Meuterei des Heeres am **Indus:** Alexander beschließt umzukehren.
- In **Babylon** stirbt Alexander im Alter von 33 Jahren.
- **Ephesos** und die anderen Griechenstädte in Ionien begrüßen Alexander begeistert und schließen sich seinem Feldzug an.
- In **Babylon** nennt sich Alexander „König von Asien“.

M 7 Das Wissen von der Welt verändert sich

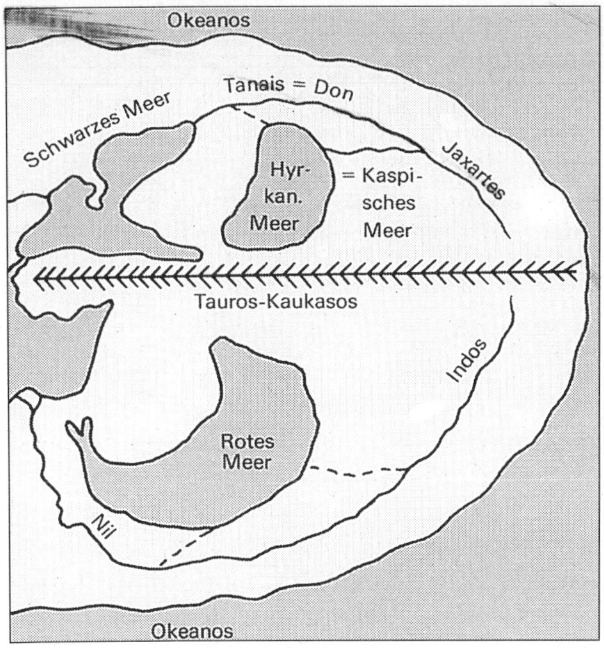

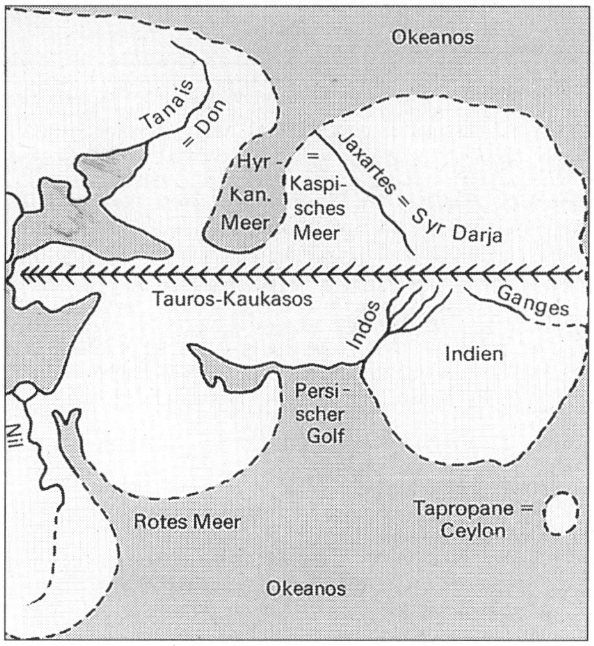

Günter Bosch, Stuttgart

M 8

Der Historiker Arrian berichtet vom Tod des großen Alexanders

Am Tage darauf sei er in das Haus am Schwimmbad gebracht worden und habe, wie gewöhnlich, geopfert. Obgleich es ihm schlecht ging, hätte er doch von seinen Generalen die bedeutendsten zu sich beschieden und wieder betreffs der Flottenfahrt seine Anordnung gegeben. Am Tage darauf sei er nur noch mit Mühe und Not zu den Heiligtümern hinausgetragen worden und hätte geopfert. [...] In der folgenden Nacht und am Tage darauf sei das Fieber sehr arg gewesen und ebenso in der andern Nacht und am Tage nach dieser. So steht es in den Königlichen Tagebüchern aufgezeichnet, und außerdem, dass unter diesen Umständen seine Soldaten das Verlangen gehabt hätten, ihn zu sehen, die einen, damit sie ihn noch lebend sähen; dagegen die anderen, weil schon die Kunde ging, er sei tot, so dass sie argwöhnten, dass ihnen sein Tod von seinen Leibwächtern verheimlicht würde. [...] Die meisten aber hätten aus Gram und Sehnsucht nach ihrem König es mit Gewalt erzwungen, Alexander zu sehen. Man sagt, dass er stumm dagelegen habe, wie das Heer – Mann für Mann – an seiner Bahre vorbeizog. Doch hätte er die einzelnen noch gegrüßt, indem er den Kopf mit Mühe hob und mit den Augen winkte [...] und kurz danach sei Alexander gestorben.

aus: Arrian, Alexanders des Großen Siegeszug durch Asien, eingeleitet und übertragen von W. Capelle, © 1950 Artemis & Winkler Verlag, Düsseldorf / Zürich

Aufgaben:

1. Fasse die Geschichten M 1 – M 3 zusammen und überlege, wie Alexander der Große dargestellt wird. Was wollte man durch diese Anekdoten erreichen?
2. Warum zog Alexander nach Persien (M 4)?
3. Erzähle, wie der große Alexanderzug verlief und was sich dabei ereignete (M 5 / M 6). Bringe dabei die Ereignisse (M 6) anhand der Karte (M 5) in die richtige Reihenfolge!
4. Vergleiche die beiden Weltkarten (M 7) und erkläre, was die Menschheit nach Alexanders Indienzug an Wissen hinzugewonnen hatte! Warum sah man nun manche geographischen Eigenheiten anders, als vor Alexanders Kriegszug?
5. Beschreibe das Verhältnis, das zwischen dem Feldherrn Alexander und seinen Soldaten herrschte (M 8)!

M1

Weltmachtpläne Alexanders

Ich für meine Person vermag darüber, was für Gedanken Alexander gehabt hat, weder mit Sicherheit zu urteilen noch habe ich Neigung, mir darüber den Kopf zu zerbrechen. Das aber glaube auch ich behaupten zu können, dass Alexander nicht etwas Kleines und Belangloses vorgehabt hat. Und ebenso bin ich überzeugt, dass er sich bei keinem der schon eroberten Länder beruhigt haben würde, auch nicht, wenn er Europa zu Asien hinzu erobert hätte, auch nicht, wenn er die Britischen Inseln noch zu Europa hinzu unterworfen hätte, sondern dass er noch jenseits nach unbekannten Ländern getrachtet hätte, wenn auch mit keinem andern Gegner, so doch mit sich selber im Wettstreit.

aus: Arrian, Anabasis VII 1, eingeleitet und übertragen von W. Capelle, © 1950 Artemis & Winkler Verlag, Düsseldorf/ Zürich

M2

Die wirkliche Situation nach dem Tod Alexanders

Bei seinem Tod hinterließ Alexander ein Reich, das von der Adria bis zum Pandschab und von Tadschikistan bis Libyen reichte. Vieles in diesem Reich war jedoch nur lose aneinandergefügt; Teile des nördlichen Kleinasiens waren sogar nie unter makedonische Herrschaft geraten. Ob Alexander, falls er länger gelebt hätte, diese unvollständige Machtgefüge tatsächlich organisieren und zu einer harmonischen Einheit hätte zusammenfassen können, ist eine müßige Frage. Ohne ihn schien jedenfalls die bloße Weiterexistenz des Reiches als eines Ganzen unwahrscheinlich. Die Geschichte der nächsten zwanzig Jahre – von 323 bis 301 – besteht aus erbittertsten Kämpfen zwischen Alexanders Feldherrn um alles, was sie nur immer an sich zu bringen vermochten [...] Die territoriale Aufteilung des Alexanderreiches war somit im wesentlichen festgelegt und überdauerte mit nur geringen Veränderungen die nächsten beiden Jahrhunderte.

aus: Frank K. Walbank, Die hellenistische Welt, übersetzt von C. M. Barth, Textdurchsicht und Übersetzung der Quellenzitate von K. Brodersen, © 1983, 1992 für die deutsche Ausgabe: Deutscher Taschenbuchverlag, München, S. 46 ff.

M3

Der automatische Türöffner Herons

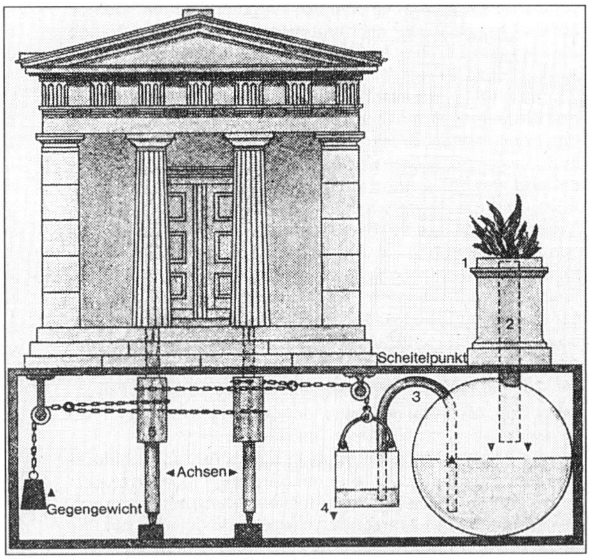

aus: Jahrbuch des elektr. Fernmeldewesens, Bad Windsheim 1966

M4

Die archimedische Schraube

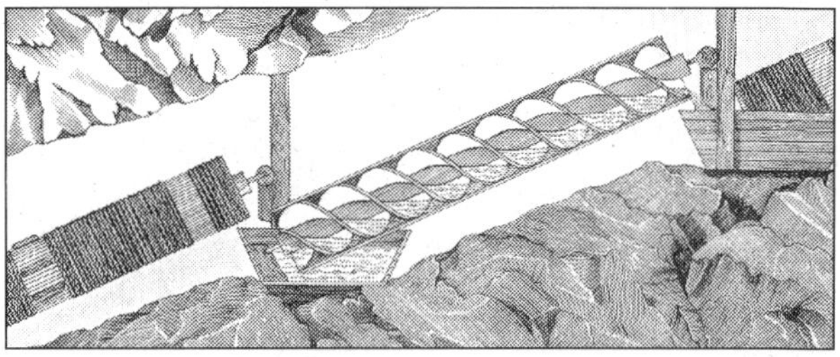

Deutsches Museum, München

M 5 Die wichtigsten Diadochenreiche

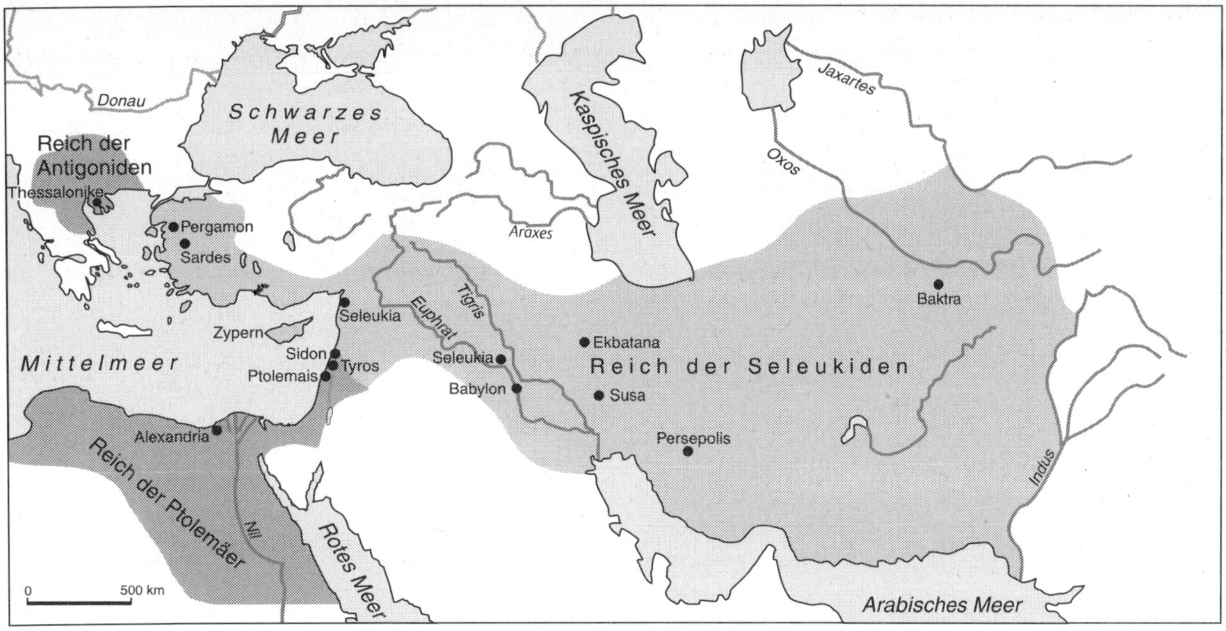

Günter Bosch, Stuttgart

M 6

Diadochen – die Nachfolger Alexanders

Diadochos heißt auf griechisch ‚Nachfolger'. Unter den Diadochen versteht man die Nachfolger Alexanders des Großen, die sich nach seinem Tod – 10. Juni 323 v. Chr. – in Babylon das Alexanderreich geteilt haben. Alexander hatte keinen regierungsfähigen Nachfolger hinterlassen, sein Reich war ohne einen Herrscher. In die Lücke sind die ehemaligen Generäle Alexanders getreten [...] Die Diadochen, mit denen die Geschichte des Hellenismus beginnt, lebten vom Ruhm Alexanders. An seinen Leistungen pflegt man ihre Taten zu messen [...].

aus: H. Bengtson, Die Diadochen, C. H. Beck'sche Verlagsbuchhandlung, München 1986, S. 11 f.

M 7

Der Hellenismus – wirklich eine Weltkultur?

Die angeblich mehr als siebzig Städtegründungen, die die griechische Sprache und Kultur im Orient verbreiten halfen, waren in ihrer Mehrzahl längst bestehende Siedlungen, die Alexander zu seiner höheren Ehre oder zum Dank an die Gottheit mit neuem Namen schmückte. Sie besaßen ausschließlich militärische Aufgaben, d.h. Kontrolle der Bevölkerung, Eintreibung von Tributen und Sicherung strategisch wichtiger Gebiete, gefährdeter Grenzen oder Nachschubwege. Mit dem Abzug der dort stationierten Söldner, soweit sie nicht bereits von der einheimischen Bevölkerung niedergemacht worden waren, verfielen die meisten oder nahmen ihren alten orientalischen Charakter wieder an. Unter dem von Alexander gegebenen Namen existierten nur zwei Städte bis ins nächste Jahrhundert.

aus: W. Will, Alexander der Große. Geschichte Makedoniens, Bd. 2, Kohlhammer Verlag, Stuttgart 1986, S. 191

M 8

Griechische Kolonisten als Herren in Asien

Sobald sie in ihrer neuen Heimat waren, gaben diese Griechen und Makedonen [die Kolonisten] ihre vielen Eigenheiten auf und wurden zur neuen Herrenschicht; Alexanders Vorstellung von einer zusammengefügten griechisch-persischen Oberschicht war niemals zu verwirklichen.

aus: F. K. Walbank, Die hellenistische Welt, a.a.O., S. 64

M 9

Neue Experimente in der Medizin

Wenn nun aber außerdem in den inneren Teilen Schmerzen und verschiedene Arten von Krankheiten entstehen, so kann [...] niemand auf Teile, die ihm selbst unbekannt sind, die richtigen Mittel anwenden; deshalb ist es notwendig, tote Körper zu öffnen und deren Inneres [...] zu untersuchen. Ganz vorzüglich haben daher Herophilos und Erasistratos gehandelt, indem sie Lebende – Verbrecher, die sie von den Königen aus den Gefängnisse erhielten – öffneten und so, während jene noch atmeten, die Teile betrachteten, welche die Natur vorher dem Auge entzogen hatte, deren Lage, Farbe, Gestalt, Größe, Anordnung, Härte, Weichheit, Glätte, wie sie sich untereinander berühren [...] genau studierten.

aus: Celsus, Medizin 1, 23 ff. Zitiert nach: F. K. Walbank, Die hellenistische Welt, a.a.O., S. 194

Aufgaben:

1. Vergleiche die Absichten Alexanders (M 1) mit der wirklichen Situation nach seinem Tod (M 2)!
2. Erkläre, wer die Diadochen sind und welches Problem sie alle hatten (M 6).
3. Beschreibe die Lage der einzelnen Diadochenreiche (M 5).
4. In hellenistischer Zeit wurden viele neue Erfindungen gemacht. Beschreibe, wie der automatische Türöffner (M 3) und die archimedische Schraube (M 4) funktionieren und erkläre, wozu man sie einsetzen konnte!
5. An der Meinung, Alexander der Große hätte durch seinen Indienzug eine „Weltkultur" begründet, wurde auch Kritik geübt. Wie wird diese in M 7 und M 8 begründet?
6. Welcher neuen Methoden bediente man sich in der Medizin (M 9)? Welche Ergebnisse erhoffte man sich davon?

M 1 Stadtplan von Alexandria

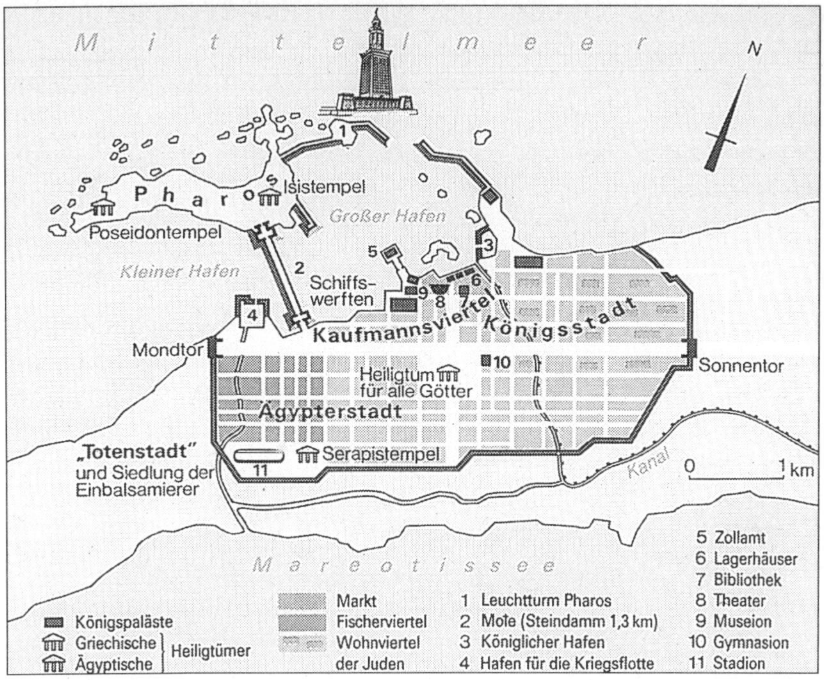

aus: Erinnern und Urteilen, Bayern, Bd. 6, Ernst Klett Verlag, Stuttgart, S. 86

M 2

Der Geograph Strabon beschreibt die Weltstadt Alexandria

Die ganze Stadt wird von Straßen durchschnitten, die Platz für Reiter und Wagen bieten; zwei sind besonders geräumig, sie schneiden sich im rechten Winkel. Die Stadt besitzt sehr schöne öffentliche Bezirke und den Bezirk der Königspaläste, die ein Viertel oder gar ein Drittel des Stadtumfangs ausmachen, denn jeder der Könige baute an die vorhandenen Paläste einen neuen für sich persönlich an. Zum Palastviertel gehörte das Museion, mit einer Wandelhalle, einer mit Sitzen versehenen Halle und einem großen Gebäude, in dem sich auch der gemeinsame Speiseraum der zum Museion gehörenden Gelehrten befindet. Die Gelehrtenvereinigung hat gemeinsame Einkünfte und als Vorsteher einen Priester. Zum Palastviertel gehört auch das sogenannte „Grab", ein abgeschlossener Bezirk, in dem sich neben den Gräbern der Könige auch die Gruft Alexanders befindet. Am großen Hafen, zur Rechten der Einfahrt, liegt die Insel Pharos mit ihrem Turm.

Der Wohlstand der Stadt ist vor allem darin begründet, dass von ganz Ägypten allein dieser Platz zu beidem geschaffen ist: zum Seehandel wegen der guten Hafenverhältnisse und zum Binnenhandel, da der Strom wie ein bequemer Fährmann alles abtransportiert und an einem Platz zusammenführt, der der größte Handelsplatz der Welt ist.

Heute werden gewaltige Flotten bis zum Indischen Meere und zum Äthiopischen Vorgebirge ausgesandt, von wo die wertvollsten Frachten nach Ägypten geschafft und von da aus weiter zu den anderen Handelsplätzen versandt werden; so kommen doppelt Zölle ein, von der Einfuhr wie von der Ausfuhr.

aus: Strabon, Geographie 17,1,7 ff. (vereinfacht). Nach:
A. Forbiger, Strabos Erdbeschreibung, Berlin 1907

M3

Alexandria – ein bedeutender Handelsplatz

Exporthafen war Alexandria vor allem, aber vieles brachten natürlich auch die Schiffe mit, zumal Rohstoffe für die alexandrinische Industrie, Setzlinge für Reben, Öl- und Obstbäume, Weine, Bedarfs- und Luxusartikel für die hochkultivierte Stadtbevölkerung. [...] Doch wurden neben diesen Massenartikeln zahlreiche Gegenstände höherer Kultur eingeführt. So wollte man feinere Öle und schönere Gewebe nicht entbehren. Wurde doch in wohlriechenden Salben und Parfüms großer Luxus getrieben und die Freude an eleganten Stoffen, wie Wollen aus Samos und Milet und zartesten Geweben aus Kos, regte nicht nur das weibliche Geschlecht auf [...]. Exportiert wurde vor allem Getreide in großen Massen, das wichtigste Produkt des fruchtbaren Niltales [...]. Weiter Papyrus, das Schreibmaterial der Mittelmeerwelt [...]. In zweiter Linie standen allerhand Industrieprodukte wie bebilderte Gobelins und weiter die Herrlichkeiten und Seltsamkeiten Afrikas, Arabiens und Indiens an Tieren, Gewürzen, Stoffen, Kunstgewerbe aller Art, edlen Steinen und Perlen. Für all das war Alexandria dank seiner Lage der Markt für das Mittelmeer. Hier tauschten die Weltgegenden ihre Waren aus.

aus: E. Bethe, Tausend Jahre altgriechischen Lebens, München 1933, S. 112

M4

Alexandria – ein geistiges Zentrum

Große Summen wurden ausgegeben, um Bücher zu kaufen und Gelehrte nach Alexandria zu ziehen; die Bibliothek besaß zuletzt 500 000 Schriftrollen. Das Museion, das in enger Verbindung mit der Bibliothek arbeitete, war eigentlich ein Forschungsinstitut; Alexandria förderte vor allem das systematische Studium der Philologie, also der Sprach- und Literaturwissenschaft. Unter Gelehrten wie Zenodotos von Ephesos, Aristophanes von Byzanz und Aristarchos von Samothrake wurde der Text Homers ausführlich analysiert.

aus. F. K. Walbank, Die hellenistische Welt, a.a.O., S. 181

M5

Die Bedeutung der Politik in Alexandria

Im 5. Jahrhundert (der Blütezeit Athens) hatte die Politik alle übrigen Bereiche beherrscht, und das Leben der Bürger war weitgehend von der *polis* in Anspruch genommen worden. Im 4. Jahrhundert hingegen hörte die Politik allmählich auf, eine so beherrschende Rolle zu spielen; sie war nicht mehr von vornherein Angelegenheit aller. Wie auch der Krieg nach und nach eher Aufgabe von Spezialisten wurde, so wurde auch die Politik immer mehr Angelegenheit berufsmäßiger Redner wie Demosthenes. Die gesellschaftliche und politische Elite waren nicht mehr völlig ein und dasselbe. Die politischen Fragen und die Angelegenheiten des Staates traten nach und nach hinter den Privatangelegenheiten zurück.

aus: M. Austin/P. Vidal-Naquet, Gesellschaft und Wirtschaft im alten Griechenland, C. H. Beck'sche Verlagsbuchhandlung, München 1984, S. 119

Aufgaben:

1. Stelle verschiedene Gesichtspunkte zusammen, die erfüllt sein müssen, dass wir heute eine Stadt „Weltstadt" nennen.
   Erkläre dann anhand des Stadtplans und mit Hilfe von M 2, warum Alexandria in der Antike als Weltstadt galt!
2. Stelle die Importwaren und die Exportwaren gegenüber (M 3). Woher kamen die Waren und wohin wurden sie gebracht?
3. Erkläre, warum man behaupten kann, Alexandria sei ein „geistiges Zentrum" der antiken Welt gewesen (M 4)!
4. Welche Bedeutung hatte die Politik für den einzelnen Bürger in Athen zur Zeit des Perikles, welche in Alexandria zur Zeit Alexanders des Großen (M 5)?

M1 Der Artemis-Tempel

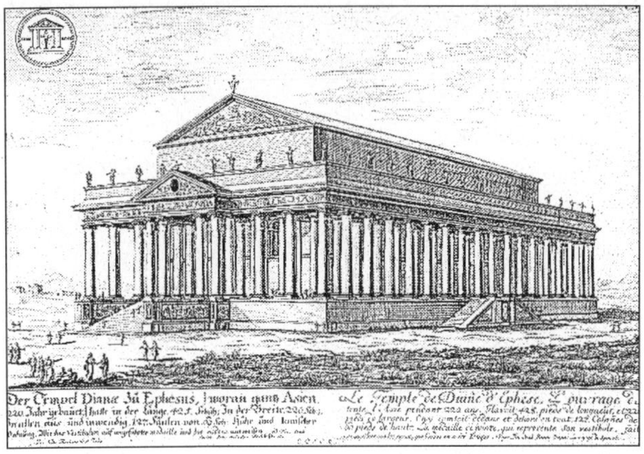

Dieser Tempel befand sich in Ephesos in Kleinasien, bis er im Jahr 356 v. Chr. mutwillig in Brand gesteckt wurde.

M2 Die Hängenden Gärten von Babylon

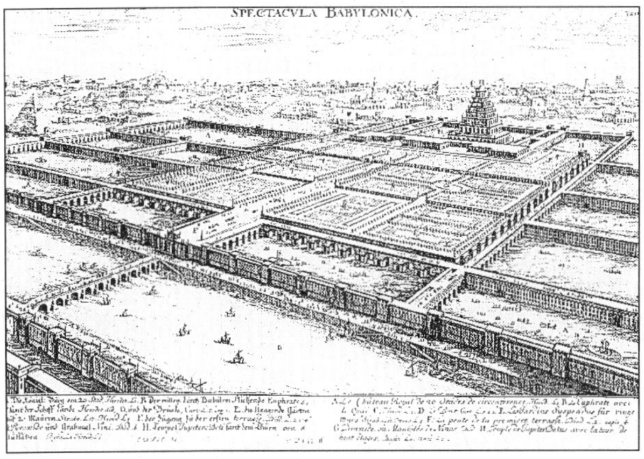

Bei den Hängenden Gärten handelt es sich um eine prächtige Gartenanlage, die terrassenförmig errichtet war. König Nebukadnezar ließ sie in Babylon erbauen.

M3 Der Leuchtturm von Alexandria

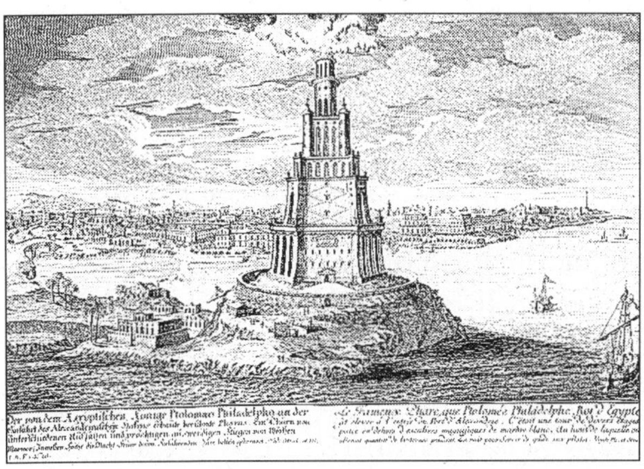

Bis ins 14. Jahrhundert wies der Leuchtturm den Seefahrern den Weg.

M4 Grabmal des Mausolos

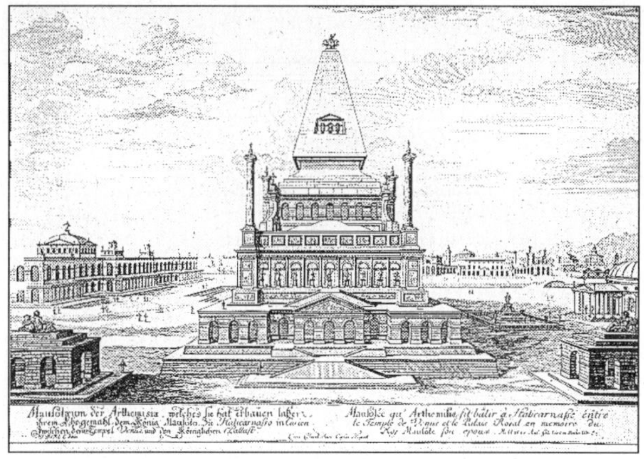

Das Grabmal des Königs Mausolos in Halikarnassos war so kunstvoll errichtet, dass man noch heute ein prunkvolles Grab als „Mausoleum" bezeichnet.

M5 Koloss von Rhodos

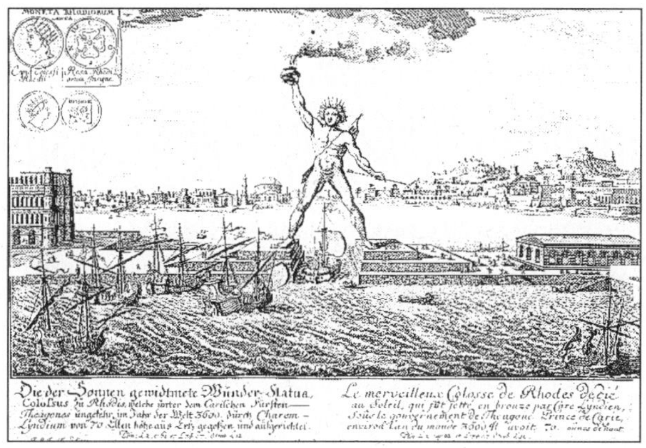

32 Meter hoch und ganz aus Bronze soll die Figur des Sonnengottes Helios gewesen sein, die die Hafeneinfahrt von Rhodos überragte.

M6 Cheops-Pyramide

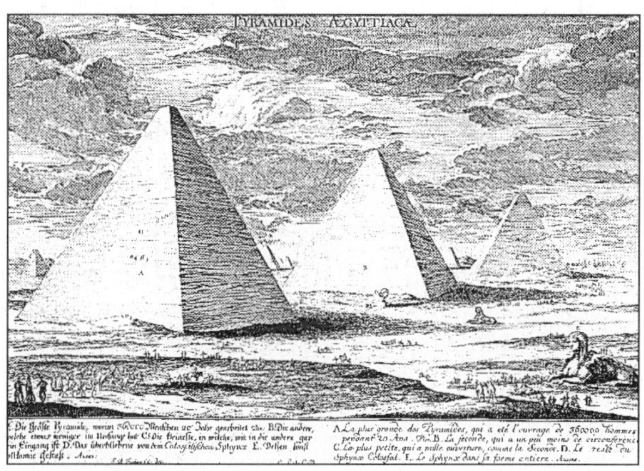

Noch heute versetzen die ägyptischen Pyramiden jeden in Staunen. Dabei sind sie durch die Menge der jährlichen Besucher in Gefahr, völlig zerstört zu werden.

M 7 Zeus-Statue in Olympia

Phidias hieß der Bildhauer, der im 5. Jahrhundert v. Chr. diese 12 Meter hohe Zeus-Statue aus Gold, Elfenbein und Ebenholz anfertigte, die jeder Besucher der Olympischen Spiele in der Antike bewundern konnte.

M 1 – M 7: bpk, Berlin. Kupferstiche aus „Entwurf einer historischen Architektur", 1721.

M 8 Wo fand der Reisende die sieben Weltwunder?

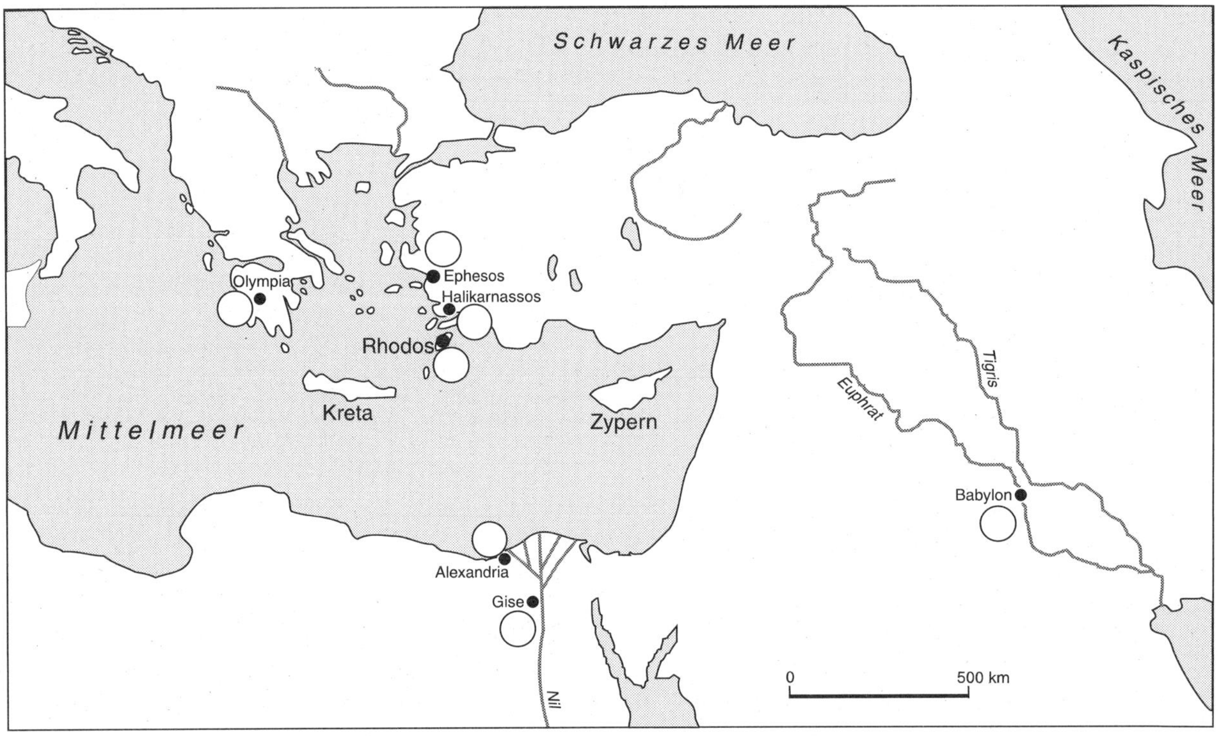

Günter Bosch, Stuttgart

Aufgaben:

1. Trage die Weltwunder in die Karte (M 8) ein und überlege, in welcher Region man sie gehäuft antreffen konnte! Warum war das so?
2. Erkläre anhand der Bildbeschreibungen, was die Menschen in der Antike an diesen Bauwerken (M 1 – M 7) so beeindruckend fanden, dass sie sie „Weltwunder" nannten!
3. Welches Bauwerk kann man als einziges heute noch besichtigen?

A 1

Sachanalyse A 1

Heute ist Griechenland ein Staat mit einer Fläche von fast 132 000 Quadratkilometern, 9,4 Millionen Einwohnern, wovon zwei Drittel in Städten leben, und Mitglied in der OECD, der NATO und seit 1981 auch in der EG. Noch immer sind 40% der Erwerbstätigen in der Landwirtschaft beschäftigt – doch dies ist wohl eine der wenigen Gemeinsamkeiten, die das moderne und das antike Griechenland verbinden.
Ist Griechenland heute ein Bundesstaat, der ganz auf dem europäischen Kontinent liegt, so existierte in der Antike Griechenland in diesem Sinn noch nicht. Die Griechen lebten verstreut in Dörfern und Städten auf dem Festland, der Peloponnes, den Inseln in der Ägäis und im Mittelmeer und – seit dem Einfall der Dorer – an der kleinasiatischen Küste. Im Zuge der Kolonisation besiedelten sie auch die Küsten um das westliche Mittelmeer und das Schwarze Meer. Das antike Hellas nahm also geographisch gesehen eine Mittlerstellung zwischen Asien und Europa ein, die sich aber auch auf die Handelsbeziehungen, die bildende Kunst und das tägliche Leben auswirkte.
Nur schätzen kann man die Bevölkerungszahlen der einzelnen Poleis, die aber deutlich unter den heutigen gelegen hatten: Für die Landschaft Attika kann man für die klassische Zeit nach Frank Kolb, Die Stadt im Altertum, München 1984, S. 78 von 160 000 bis 200 000 Ansässigen ausgehen, W. Nippel, Die politische Kultur der Griechen, in: Praxis Geschichte, Heft 4, Juli 1992, rechnet gar mit einer Gesamteinwohnerzahl „von über 250 000“ (S. 4).
Das Klima prägt den Lebensrhythmus und die Lebens- und Wirtschaftsform der bäuerlichen Bevölkerung – daran hat sich seit der Antike wohl nur wenig geändert. Die brennende Mittagshitze zwingt die Menschen besonders in der Sommermonaten zu ausgedehnten Ruhepausen, die langen milden Abende werden dann zur Arbeit genutzt. Das mediterrane Klima ließ Oliven und Wein, Trauben, Feigen und Granatäpfel gedeihen, an Weizen mangelte es aber in Athen aufgrund der wenigen Anbauflächen ständig, so dass dieser aus Sizilien, Pontos oder Ägypten importiert werden musste.
Auch Weideland war knapp, Rinderhaltung deshalb nur eingeschränkt möglich; man behalf sich auch hier und verlegte sich auf die Ziegen- und Schafzucht sowie auf den Fischfang.

Methoden A 1

Das Arbeitsblatt ist zweiteilig aufgebaut. Der erste Teil gibt den Schülern einen anschaulichen Einblick in das Leben der Bevölkerung einst und jetzt. Die Besprechung und der Vergleich dieser vier Bilder ermöglichen einen emotionalen Zugang zu dem abstrakten Thema „Griechische Antike“.
Der zweite Teil ist handlungsorientiert angelegt; die Schüler sollen sich den geographischen Raum durch die Umsetzung der Reiseroute in die Karte spielerisch aneignen.
Möglich ist es, die vorgeschlagene Reihenfolge bei der Behandlung im Unterricht umzukehren, etwa, wenn mit dem Geographieunterricht zusammengearbeitet wird. Bei sehr interessierten Klassen kann auf den motivierenden Einstieg durch M 1 – M 5 gegebenenfalls ganz verzichtet werden.

Lösungen A 1

Aufgabe 1
Die Abbildung soll die Schüler anregen, Griechenland als modernes Urlaubsland zu sehen und von daher einen unverkrampften Zugang zum Thema „Griechische Antike“ zu gewinnen. Die Ruinen der Akropolis von Lindos deuten ihrerseits auf die Vergangenheit hin, die in der Gegenwart noch so präsent ist, dass sie Menschen aus den unterschiedlichsten Bevölkerungsschichten aus aller Welt Jahr für Jahr nach Griechenland und in die Ägäis lockt.

Aufgabe 3
M 3: Olivenernte. Die Bauern schlagen mit Stöcken die Oliven ab.
M 4: Bauern bringen ihre „Waren“ – Wein oder Olivenöl in Amphoren, Schweine und Ferkel – zum Markt.
Im Gespräch sollte deutlich werden, dass Oliven auch heute noch zu den wichtigen landwirtschaftlichen Erzeugnissen Griechenlands gehören; die Olivenproduktion beträgt derzeit etwa 1,5 Millionen Tonnen im Jahr.

Aufgabe 4
Friedell erwähnt folgende landschaftliche Besonderheiten Griechenlands:
- es ist an drei Seiten von Meer umgeben,
- die Landschaft ist gebirgig,
- ihre Kleinräumigkeit,
- die Küstennähe,
- den geringen Abstand zwischen den einzelnen Inseln.

Aufgabe 5
Durch das Eintragen der Reiseroute machen sich die Schüler mit der landschaftlichen Einteilung des antiken Griechenlands vertraut. Der freie Nachmittag ist so gewählt, dass sich ein Ausflug zu den historischen Stätten von Olympia aufdrängt – er kann den Schülern als Gesprächsanlass über die Aktualität der Antike dienen.

A 2

Sachanalyse A 2

Einwanderung der Frühgriechen

Man geht heute davon aus, dass sich indoeuropäische Völker, deren Ursprung man in der südrussischen Steppe (und nicht, wie früher angenommen, in Zentralasien) vermutet, in verschiedenen Wanderungswellen über Europa und Asien ausgebreitet haben. Dabei ist aber die Existenz eines einheitlichen indoeuropäischen Volkes äußerst fraglich. Schon der Begriff „Indoeuropäer“ (früher nannte man sie Indogermanen) ist umstritten, handelt es sich doch um einen Begriff aus der Sprachwissenschaft: Die festgestellten Gemeinsamkeiten so verschiedener und auch geographisch weit auseinanderliegender Sprachen wie dem Slawischen und Germanischen, dem Romanischen und Keltischen mit altindischen und altpersischen Sprachen führten zu der Theorie einer einzigen „Ursprache“, der dann zeitweilig die vom einheitlichen „Urvolk“ zur Seite gestellt wurde.

Um 2000 v. Chr. erreichten die frühgriechischen Stämme der Achäer, Äoler und Ioner das heutige Griechenland. Auf ihrem Zug nach Griechenland hatten sie aus dem Norden die Kenntnisse der Bronzeherstellung mitgebracht. Ihre Bronzewaffen waren den bislang gebräuchlichen Kupferwaffen weit überlegen. Aufgrund dieser technischen Überlegenheit gelang es ihnen, die einheimische Bevölkerung zu unterwerfen. Wegen der Zergliederung Griechenlands zwischen Tälern und Gebirgszügen konnten sie aber das Land nicht vollständig in Besitz nehmen; so machten sie sich jeweils nur zu Herrn über ein Flusstal, eine Tiefebene usw.

Ein ganz ähnliches Phänomen finden wir auf der Peloponnes vor: Auch die Spartiaten nahmen zuerst die Eurotas-Ebene in Besitz, bevor es ihnen in den messenischen Kriegen gelang, ganz Lakonien und Messenien zu unterwerfen.

Die mykenischen Herrscher, Nachfahren der eingewanderten Achäer, hatten offenbar während des thebanischen Aufstandes in Ägypten den Streitwagen kennen gelernt. Dieser ermöglichte ihnen, die unterworfene Bevölkerung auf der Peloponnes leichter in Abhängigkeit zu halten, er veränderte aber auch das soziale Gefüge in der Region: Neue Kampftechniken mussten ebenso erlernt werden, wie die Zucht und Dressur von geeigneten Pferden. Auch der Wagenbau und die Ausbildung der nun begehrten Wagenlenker veränderten die bisherigen Lebensgewohnheiten und die Berufstätigkeit der Menschen in Mykene.

Das Reich der Minoer in Kreta

Die Herkunft der Kreter ist, auch weil wir ihre Schrift (Linear A) nicht lesen können, nicht mit Sicherheit geklärt; betrachtet man aber Formen und Motive der Kunst- oder Alltagsgegenstände, so muss man von einer Einwanderung aus Kleinasien ausgehen. Auch die Herausbildung von Palastzentren weist auf eine Machtkonzentration hin, wie wir sie aus damaliger Zeit sonst nur in Kleinasien antreffen.

Die Minoer lebten in Frieden und Luxus auf ihrer Insel; ihre Flotte, bestehend aus Ruder- und Segelschiffen, ermöglichte ihnen beides. Die Kreter pflegten intensive Handelsbeziehungen zu anderen Seemächten im Mittelmeer: In Ägypten und Italien wurden Unmengen von kretischen Gegenständen gefunden – und umgekehrt fand man auch Produkte aus Ägypten in Knossos. Der Bau der Paläste – die Kreter verzichteten auf schützende Mauern, wie sie etwa aus Mykene und Tiryns bekannt sind – und ihre Innenausstattung – Wandmalereien und Fresken zeigen Motive aus der Natur: Tiere und Pflanzen, Blüten und Blätter – deuten darauf hin, dass es auf Kreta friedlich zuging, dass die Minoer keine Angriffe von fremden Völkern fürchteten.

Die minoische Kultur wird üblicherweise in drei Phasen geteilt: die frühminoische Phase, in der die Kreter begannen, sich mit Metallverarbeitung zu beschäftigen (etwa 3000–2200 v. Chr.), die mittelminoische Phase (2200–1600 v. Chr.), in die die Entstehung der großen Paläste (Knossos, Phaistos) datiert werden muss, und die spätminoische Phase, die bis 1450 dauert.

Das Wissen über das Ende der kretischen Herrschaft ist nicht gesichert. So weiß man bis heute nicht, ob der Untergang der minoischen Kultur aufgrund eines Vulkanausbruchs erfolgte, oder ob Achäer sie durch kriegerische Aktionen vernichteten. Gegen den Ausbruch des Vulkans von Thera als alleinige Ursache spricht allerdings, dass in ufernahen Gegenden Gegenstände gefunden und Grundmauern entdeckt wurden, die eine mit dem Vulkanausbruch einhergehende Flutwelle wegspülen hätte müssen. Zudem war die auf Kreta festgestellte Aschenschicht geringfügig. So geht man heute davon aus, dass sowohl der Vulkanausbruch als auch der Einfall der Achäer stattgefunden haben und beide zum Untergang der Minoer beitrugen: „Etwa 60 Jahre nach den alsbald wieder beseitigten leichteren Zerstörungen durch das Thera-Erdbeben gab es 1450 einen Dynastiewechsel mit nachfolgenden von Menschenhand herbeigeführten Zerstörungen, und um 1375 folgte eine Eroberung vom griechischen Festland aus durch jene Leute, die dann das in den Linear-B-Täfelchen greifbare Frühgriechisch sprachen. Sie erlagen dann dem Seevölkersturm um 1200.“ (W. Schuller: Griechische Geschichte, München 1991, S. 91).

Methoden A 2

In diesem Arbeitsblatt werden zwei frühe Hochkulturen kontrastiv behandelt: Kreta und Mykene. Ihre Gegensätzlichkeit (kriegerische vs. friedliche Kultur, Kup-

fer- vs. Bronzewaffen, Labyrinth vs. Megaronhaus) ermöglicht einen produktiven Vergleich.
Wichtig ist dabei, dass sich die Schüler im östlichen Mittelmeer orientieren können und ihnen die Lage der wichtigsten Städte, Länder und Inseln bekannt ist.
In der zur Verfügung stehenden Unterrichtszeit sollte es möglich sein, alle Materialien heranzuziehen, weil sie jeweils ganz spezifische Aspekte der beiden Kulturen behandeln. Es kann aber bei Zeitmangel auch auf einen der beiden Themenkreise verzichtet werden. Dieses Arbeitsblatt eignet sich auch für eine Auswertung in Partnerarbeit, wobei auf eine abschließende Zusammenführung und Diskussion der Ergebnisse im Plenum nicht verzichtet werden sollte.
Sukzessive zur Plenumsbesprechung kann das Tafelbild entstehen, das die wichtigsten Ergebnisse für alle Schüler zusammenfasst.

Lösungen A 2

Aufgabe 1
Der Begriff Labyrinth für die minoische Form des Hauses ist abgeleitet vom Palast von Knossos, dessen Unübersichtlichkeit und der schwer zu findende Ausgang den Eindruck verstärkten, es handle sich um einen Irrgarten.
Das Megaronhaus (griech.: megaron = das Geräumige) entstammt mykenischer Tradition; es handelt sich dabei wie in M 3 gezeigt um ein rechteckiges Wohnhaus, das aus einem Herdraum (megaron), einer Vorhalle und aus einem offenen Eingangsraum an der Schmalseite besteht.
Das Labyrinth ist ein gewachsenes Haus, das durch den Anbau neuer Räume an schon vorhandene Mauern beinahe beliebig erweitert werden konnte. Das Megaronhaus hingegen ist ein freistehendes Haus, das seine jeweilige bauliche Eigenart auch dann behält, wenn mehrere Megaronhäuser aneinandergebaut wurden, wie es bei der Burg von Tiryns der Fall war.

Aufgabe 2
Das Megaronhaus behält stets seinen klaren Grundriss und damit seine eindeutige Raumaufteilung; deshalb konnte dieser Haustyp auch zum Vorbild großer griechischer Tempelbauten werden. Das Labyrinth hingegen ermöglicht eine größere Vielfalt im Grundriss, so dass es den Lebensbedingungen jeweils besser angepasst werden konnte. Zudem war sein Bau einfacher, da auf schon vorhandene Bauelemente (Mauern) zurückgegriffen werden konnte.
In Europa hat sich in den folgenden Jahrhunderten das freistehende Einzelhaus durchgesetzt, das auf die Grundidee des Megaronhauses zurückgeht. Auch moderne Trabantenstädte bestehen letztlich aus kleinen Wohneinheiten, die alle mehr oder weniger gleich aufgebaut und angeordnet sind. Diese Bauweise ist kostengünstiger und der städteplanerische Gesichtspunkt, dass eine gewisse Einheitlichkeit und Ordnung im Stadtbild vorzuherrschen habe, kann somit berücksichtigt werden. Eine am Labyrinth orientierte Bauweise würde es allerdings gestatten, auf die jeweils aktuellen Bedürfnisse einer Familie Rücksicht zu nehmen.

Aufgabe 3
Die Burg von Tiryns ist umgeben von mächtigen Mauern, sogenannten Zyklopenmauern, da man früher dachte, derartig große Steinblöcke könnten nur Riesen bewegen. Die Mykener schützten sich, wie wir aufgrund der archäologischen Funde wissen, ebenfalls durch mächtige Mauern. Diese Mauern deuten auf Feinde hin, die im Besitz wirkungsvoller Waffen gewesen sein mussten.
Der Grundriss von Knossos zeigt keinerlei Hinweise auf die Existenz von Befestigungsmauern. Dieser Verzicht zeigt uns, dass es sich dabei um eine friedliche Kultur gehandelt haben muss.

Aufgabe 4
Die Aufgabe setzt voraus, dass sich die Schüler intensiv mit den beiden Abbildungen auseinandersetzen. Folgende Details könnten in ihre Erzählungen einfließen: Auf dem Mittelteil des Bronzedolchs sind vier Männer abgebildet. Drei von ihnen kämpfen mit langen Speeren, einer mit Pfeil und Bogen gegen einen Löwen.
Das Gemälde zeigt einen jungen Mann (man erkennt ihn an der dunkler gefärbten Haut) bei sportlich-spielerischen Übungen auf einem Stier. An diesem Stierspiel sind auch zwei Mädchen beteiligt.
Im Gegensatz zur minoischen Kultur scheint die achäisch-mykenische eine kriegerische gewesen zu sein; die Löwenjagd, die Ausrüstung der Krieger und ihre Bewaffnung müssen wohl so verstanden werden.

Aufgabe 5
Der Stierkampf, wie er aus Spanien bekannt ist, zeigt Ähnlichkeiten mit dem minoischen Stierspiel. Während jedoch in Kreta das (ebenfalls nicht ungefährliche) Spiel mit dem Stier im Vordergrund steht (Salto schlagen, Beteiligung von Frauen, kein Schutz durch entsprechende Kleidung), überwiegt heutzutage der kämpferische Aspekt.

Sachanalyse A 3

Die Götter spielten im Alltagsleben der Griechen eine wichtige Rolle, sie waren allgegenwärtig. Allein dies ist schon Grund genug, sich mit ihnen auseinanderzusetzen. Doch in der Darstellung der Götter spiegeln sich auch – idealtypisch – die Lebenswelt, die Lebensgewohnheiten und die Wertvorstellungen des Adels wider. Schließlich war die homerische Sagenwelt Teil des Mythos, der den Griechen half, ihre Herkunft, Geschichte und Umwelt zu verstehen. Daraus leitete die archaische Gesellschaft allgemeingültige Verhaltensmuster ab. Durch die Überlieferung von Szenen aus der Ilias und Odyssee im mündlichen Vortrag oder auf Gegenständen des täglichen Lebens erfuhr dieser Mythos weite Verbreitung im Siedlungsgebiet der Griechen und wurde für die gesellschaftliche Oberschicht normbildend. Wenn wir also heute daran interessiert sind, den frühen griechischen Adel näher kennenzulernen, tun wir gut daran, wenn wir uns die Götterwelt, wie Homer sie schildert, genau ansehen.

Methoden A 3

Das Arbeitsblatt ist zweiteilig aufgebaut: Die erste Seite ist handlungsorientiert angelegt; die Schüler sollen sich in einem ersten Schritt mit den olympischen Göttern vertraut machen, dazu das „Götterlexikon" durcharbeiten und anhand der Beschreibung die einzelnen Gottheiten im Bild identifizieren können. Der zweite Teil setzt die (wenigstens ungefähre) Kenntnis der Götter voraus; nun sollen die Schüler ihr Wissen auf die Vorgänge im Trojanischen Krieg übertragen. Ausgehend vom Urteil des Paris kann in Grundzügen der Krieg um Troja nacherzählt werden, anschließend sollen die Schüler anhand der Diomedes-Szene auf die Rolle der Götter im Krieg und auf die Gemeinsamkeiten, die sie mit den Menschen haben, eingehen.

Lösungen A 3

Aufgabe 1
1=Zeus, 2=Hera, 3=Athene, 4=Ares, 5=Hermes, 6=Hades, 7=Poseidon, 8=Hephaistos, 9=Demeter, 10=Hestia, 11=Artemis, 12=Aphrodite, 13=Dionysos, 14=Apollon
Hinweis: Dionysos und Hades gehören nicht eigentlich zu den olympischen Göttern, deren Zahl auf zwölf beschränkt ist, sie werden jedoch in diesem Zusammenhang häufig genannt und wurden deshalb hier aufgenommen.

Aufgabe 2
Orakel von Delphi: Heiligtum des Apollon, des Gottes der Erkenntnis. Die Priesterin Pythia enthüllte den Ratsuchenden die Zukunft; sie tat dies allerdings verschlüsselt, so dass ihr Ratspruch nicht in jedem Fall als konkrete Handlungsanweisung verstanden werden durfte (vgl. Ödipus-Sage).
Das Orakel wurde auch in wichtigen staatlichen Angelegenheiten um Rat gefragt (vgl. Kolonisation).

Aufgabe 3
Homer berichtet, dass Paris durch seine Entscheidung für Aphrodite, mit der er sich den Zorn der beiden unterlegenen Göttinnen Hera und Athene zugezogen hatte, und durch sein Streben nach der schönsten Frau der Welt, bei dem ihm Aphrodite behilflich sein sollte, den Trojanischen Krieg auslöste.

Aufgabe 4
Vasenbilder förderten die Verbreitung und Rezeption des Mythos im griechischen Raum und wirkten so besonders für die adelige Oberschicht normbildend.

Aufgabe 5
Die Götter beeinflussen den Kriegsverlauf, sie mischen sich hier, wie auch in der Paris-Szene, unmittelbar in die Existenz der Menschen ein: Sie lenken die Kämpfer, versuchen, ihnen nahe stehende Krieger zu retten, sind dabei aber selbst verwundbar. Die olympischen Götter sind anthropomorph, unvollkommen und fehlbar, parteiisch, jedoch unsterblich.

Sachanalyse A 4

Heinrich Schliemann, am 6.1.1822 als Sohn einer Pastorenfamilie in Mecklenburg geboren, ist sicher bis heute eine der schillerndsten Figuren der Archäologie. Nach einer Karriere als Kaufmann, die ihn zu einem wohlhabenden Mann machte, zog sich Schliemann mit 41 Jahren aus der Geschäftswelt zurück, um sich einen Jugendtraum zu verwirklichen: Angeregt von Erzählungen seines Vaters und einem Erlebnis in seinen Jugendjahren, als ein Fremder aus dem Gedächtnis Homer rezitierte, beschloss er, die Ilias quasi als Reiseführer zu benützen und mit der Hilfe des homerischen Epos' die antiken Stätten, an deren Existenz bis dato kein Fachgelehrter glaubte, zu beweisen. Den Jahren als erfolgreicher Kaufmann folgten Jahre des Studiums in Paris, in Rostock erlangte er schließlich den ersehnten Doktortitel, der ihm den für sein Vorhaben notwendigen Zugang zur Welt der Gelehrten ebenso ebnete wie er ihm den Umgang mit Vertretern von Behörden (insbesondere in der Türkei) erleichterte.
1870 begann Schliemann zusammen mit seiner zweiten Frau Sophia, einer Griechin, der er Homer und seine Werke ebenso nahe brachte, wie sie ihm selbst waren, Troja zu suchen; als Reiseführer diente ihnen dabei – wie konnte es anders sein – Homer. Schon bald glaubte Schliemann im Ruinenhügel von Hissarlik auf sein lange ersehntes Ziel gestoßen zu sein und begann ohne Verzögerung mit den Grabungsarbeiten, die (auch wegen der differierenden Charaktere Schliemanns und der einheimischen Arbeiter) nicht unproblematisch verliefen. Drei Jahre später, als er die Gra-

bung eigentlich schon beenden wollte, stieß er auf einen Fund, den er als „Schatz des Priamos" bezeichnete – heute wissen wir, dass die Fundstücke viel älter sind, und den Trojanischen Krieg, wenn es ihn überhaupt gegeben hat, überstanden haben. Bis zu Schliemanns Tod im Jahr 1890 fanden sich viele Zweifler, und so steht bis heute nicht eindeutig fest, ob der Schliemannsche Grabungsort überhaupt mit dem Homerischen Troja identisch ist.
Auch Wilhelm Dörpfeld, ein Mitarbeiter Schliemanns, der nach dessen Tod die Ausgrabung leitete, konnte die Frage nicht klären: Zwar fand er an der Stelle, die Schliemann Troja nannte, neun übereinander liegende Schichten, die auf alte Siedlungsreste hinweisen, doch waren diese alle bis auf eine wohl unbedeutende Schicht abgebrannt. Das Troja Homers war jedoch durch Menschenhand zerstört worden – der endgültige Beweis für die Richtigkeit der Schliemannschen Annahme, Hissarlik sei das antike Troja, steht also bis heute aus, wenn auch eine Forschergruppe um den Tübinger Archäologen M. Korfmann im Jahr 1993 einen wichtigen Schritt weitergekommen ist: Das Team fand Reste einer etwa zwei Kilometer langen Stadtmauer, von der nun angenommen wird, sie habe die Unterstadt von Troja umgeben. Weitere Berechnungen ergaben, dass die 200 000 Quadratmeter große Fläche innerhalb der Mauer von 11 000 bis 13 000 Einwohnern besiedelt gewesen sein muss, also ganz andere Ausmaße hatte, als das Troja Schliemanns.
Wie dem auch sei, Heinrich Schliemann gebührt das Verdienst, Homer beim Wort genommen und gezeigt zu haben, dass seine Dichtung auch einen Kern Wahrheit enthält. Dem Urteil des Konstanzer Althistorikers Wolfgang Schuller ist deshalb zuzustimmen, wenn er schreibt: „Gewiss war er [Schliemann] kein Gentleman, sondern ein rücksichtslos-genialischer Kerl, dem die Wissenschaft viel verdankt; wir Epigonen müssen freilich seine Ergebnisse unter die Lupe nehmen und tun das auch; am besten in aller Ruhe." (W. Schuller: Griechische Geschichte, München 1991, S. 94).

Methoden A 4

Die Schüler werden in diesem Arbeitsblatt mit einem der spannendsten Kapitel der griechischen Geschichte konfrontiert: Der Frage nach dem Wahrheitsgehalt von Dichtung in seiner volkstümlichsten Form, der homerischen Heldenepik. Die Figur des listenreichen Odysseus wird den Schülern (aus eigener Lektüre oder aus dem Deutschunterricht) ebenso bekannt sein, wie die Sage vom Untergang Trojas und die Funktion des trojanischen Pferdes. Hier soll nun Schliemann selbst ebenso zu Wort kommen wie ein Kritiker (H.-G. Richardi); dabei muss gesehen werden, dass beide einen unterschiedlichen Zugang zum Thema haben: Schliemann ist vom Erfolg seiner Unternehmung überzeugt und hält die von ihm angerichtete Zerstörung für notwendig. Richardi referiert vor allem das laienhaft-rücksichtlose Vorgehen Schliemanns, das zwar Ergebnisse zeitigte, aber auch viele Erkenntnisse unwiederbringlich zerstörte. Eine Gegenüberstellung dieser beiden Texte ist deshalb geeignet, das Bewusstsein der Schüler für die diffizile Arbeit der Archäologen zu schärfen; sie erkennen, dass Ausgrabungen mühevolle Arbeit bedeuten, die nicht immer so spektakulär enden wie die Schliemanns, dass sie aber notwendig sind, um letztlich in ihrer Gesamtheit unser Bild von der Vergangenheit zu erhellen.
Es bietet sich deshalb an, die Unterrichtssequenz mit M 1 – gleichsam unkritisch – zu beginnen, um dann durch die vergleichende Lektüre von M 2 und M 5 zu einer fundierten Kritik an Schliemanns Methoden zu kommen. M 3 und M 4 dienen der Veranschaulichung des sonst vielleicht etwas abstrakten Sachverhalts.

Lösungen A 4

Aufgabe 3

Schliemann ging davon aus, dass das historische Troja in großer Tiefe zu finden sei. Deshalb – und aus Ungeduld – legte er einen tiefen Einschnitt in den Hügel von Hissarlik an, wobei er auf eine mächtige Ringmauer stieß, die er kurzerhand soweit einreißen ließ, dass er seine Grabung fortsetzen konnte. Die unterste Schicht, auf die er dann stieß, hielt er für das Troja Homers – außer Acht lassend, dass im Schutthügel von Hissarlik neun Schichten verborgen waren!

Sachanalyse A 5

Ein Grundproblem der griechischen Geschichte und Zivilisation ist die Knappheit des Raumes; das Land, das an fruchtbarem Boden nicht reich ist, hatte stets mit Übervölkerung zu tun. Was also war naheliegender – auch um die Folgen der herrschenden Realerbteilung so wenig belastend als möglich zu halten – als die Auswanderung von Söhnen, denen Griechenland keine ausreichende Lebensgrundlage geboten hätte?
Die Überbevölkerung ist dann im 8. Jahrhundert zum Problem geworden, da die naturräumlichen Gegebenheiten ein starkes Bevölkerungswachstum nicht absorbieren konnten. Trotz Rodung von Wäldern und Vermehrung der Anbauflächen kam es zu Hungersnöten, die die Griechen über eine Verbesserung der materiellen Lebensbedingungen nachdenken ließen. Der Dichter Hesiod (um 700 v. Chr.) riet seinen Landsleuten Folgendes: „Ein einziges Kind sei da, den väterlichen Besitz zu pflegen; denn so wird sich der Reichtum im

A 5

Hause mehren. Wenn du im Alter stirbst, magst Du noch einen zweiten Sohn hinterlassen [...]". Doch die Ratschläge, Geburtenkontrolle zu betreiben, oder unerwünschte Kinder auszusetzen, blieben zumeist ohne Gehör.

Nachdem die Griechen auf die ägäischen Inseln und nach Kleinasien abgewandert waren und feststellen mussten, dass so ihr Raumproblem nicht gelöst werden konnte, begannen sie etwa Mitte des 8. Jahrhunderts mit der großen Kolonisation, die bis Mitte des 6. Jahrhunderts andauerte. Diese erstreckte sich fast über den ganzen Mittelmeerraum: Griechische Auswanderer zogen nach Norden zur Halbinsel Chalkidike, sie ließen sich rund ums Schwarze Meer, auf Zypern, in Nordafrika, in Süditalien und auf Sizilien, sowie an der französischen Mittelmeerküste nieder.

Anlässe, in der Fremde eine neue Existenz aufzubauen, gab es für die Griechen genug; sei es, dass in Not geratene Bauern versuchten, der Schuldknechtschaft zu entgehen, sei es, dass sich Bauernsöhne, die bei der Erbverteilung leer ausgingen, eine neue Existenz aufbauen wollten, sei es, dass sich Händler und Kaufleute neue Märkte erschließen oder Bürger griechischer Städte oder Dörfer der Willkür ihrer adeligen Herren entgehen wollten.

Der Oikist, der Anführer der Auswanderer, entstammte zumeist dem Adel. Es wird angenommen, dass sich die Siedler ihre Anführer selbst wählten; es ist aber auch möglich, dass die Mutterstädte einen Adeligen beauftragten, die Gründung einer Kolonie in ihrem Sinne durchzuführen, d.h. die betreffende Kultur, die Währung, die teilweise regional verschiedenen religiösen Kulte in der Ferne zu etablieren. Gemeinsam war allen Siedlern der Schutzgott: Apollon, Schützer der Seefahrer und der Reise. Da sich die Oikisten vor der Abreise meist an das Orakel von Delphi wandten, um für ihre Fahrt das günstigste Ziel zu erfahren, kann man davon ausgehen, dass den Apollon-Priestern eine die Kolonisation steuernde Funktion zukam; sie waren es schließlich, die über die Auswanderungsbestrebungen in den verschiedenen griechischen Städten Bescheid wussten und einen Überblick darüber hatten.

Wie man aus den Quellen ersehen kann, gab es bei der Anlage von Kolonialstädten gewisse Konstanten: Die Tochterstädte befanden sich stets in unmittelbarer Küstennähe, waren vom Festland her (z.B. durch Anhöhen) vor Angriffen der Einheimischen geschützt, sollten jedoch nicht zu abgelegen sein, so dass ein Handelsaustausch mit der umliegenden Bevölkerung zustande kommen konnte. Wichtig war außerdem, dass die Neugründung über einen sicheren Hafen verfügte, lebten doch die Kolonialstädte vom Handel. Als anschauliches Beispiel für eine Kolonialstadt kann Syrakus genannt werden, dessen Lage am Meer durch die Karte im Arbeitsteil (M3) anschaulich wird.

Auch die Anlage der Stadt folgte – soweit wir dies wissen – Gesetzmäßigkeiten, die alle Apoikien betrafen: Die Städte waren regelmäßig angelegt, die Straßen beinahe geometrisch angeordnet; es handelte sich also um geplante (im Gegensatz zu den gewachsenen) Städten.

Die oft zu schnellem Reichtum gekommenen Auswanderer errichteten in den Pflanzstädten eine demokratische Herrschaft; einer Adelsherrschaft wollte sich keiner mehr unterordnen. So beeinflussten die Apoikien die politischen Entwicklungen in den Mutterstädten, in denen die demokratische Staatsform noch keineswegs zur Selbstverständlichkeit geworden war.

Methoden A 5

Das Arbeitsblatt ist deduktiv aufgebaut: Die Mittelmeerkarte zeigt einige wichtige Mutterstädte und Apoikien, um die Schüler mit der historischen Tatsache der Ausbreitung der Griechen zwischen dem 8. und dem 6. Jahrhundert zu konfrontieren und ein Gespräch über Wanderbewegungen einst und jetzt anzuregen.

Die beiden Textquellen sollen dann die bislang entwickelten Vorstellungen über die Gründung von Kolonien konkretisieren und inhaltlich füllen. So kann dem Strabon-Text (M2) beispielsweise der Zusammenhang von Politik und Kultus (Befragung des Orakels von Delphi) sowie die Auswahl des Expeditionsziels aufgrund von Wünschen der Oikisten entnommen werden. Der Herodot-Text (M4) veranschaulicht hingegen in exemplarischer Weise den Ablauf einer Kolonialgründung und zeigt auch möglicherweise auftretende Schwierigkeiten. Auch können die Schüler die Ernsthaftigkeit der Expedition daran erkennen, dass den bestimmten und zum Teil durch das Los gezwungenen Auswanderern eine Rückkehr in ihre Heimat Thera von ihren eigenen Verwandten verwehrt wird.

Beide Texte können in Still- oder Partnerarbeit ausgewertet werden, wobei anschließend die Ergebnisse im Plenum gesammelt und mit Hilfe eines Tafelanschriebs abgesichert werden sollten.

Der letzte Abschnitt des Arbeitsblatts beleuchtet die wirtschaftliche Bedeutung der Kolonisation für die Apoikien. M6 zeigt, welches Selbstbewusstsein die Bewohner der Pflanzstädte, die oft zu schnellem Reichtum kamen, entwickelten, und wie sich dieses in den Motiven, mit denen sie ihre Münzen schmückten, äußerte; in M7 können die Schüler erkennen, mit welchen Mitteln damals die Münzprägung vorgenommen wurde.

Lösungen A 5

Aufgabe 1
Sokrates beschreibt die Situation, die daraus entstanden ist, dass die Griechen zwischen 750 und 550 v. Chr. eine gezielte Auswanderungspolitik betrieben haben, deren Ergebnis die Anlage von Ackerbaukolonien und Handelsniederlassungen an den Küsten des Mittelmeeres und des Schwarzen Meeres war.

Aufgabe 2
Wichtige Mutterstädte waren z. B. Megara, Chalkis, Phokaia, Milet und Korinth. Pflanzstädte, die bis heute Bedeutung haben, sind Byzantion (Istanbul), Korkyra (Korfu), Massilia (Marseille), Messana (Messina) und Neapolis (Neapel).

Aufgabe 3
Die Einwohner von Thera hatten jahrelange Trockenheit und in deren Gefolge einige Missernten hinter sich und fürchteten deshalb eine große Hungersnot. So fragten sie beim Orakel von Delphi um Rat, dessen Priesterin sie nach Libyen wies, wo sie eine Kolonie gründen sollten. Anderswo führten auch Abenteuerlust, Gewinnstreben oder Streitigkeiten zwischen den politischen Führern zur Auswanderung.
Die ca. 200 Auswanderer aus Thera landen nach einem Zwischenstopp auf Kreta auf einer unwirtlichen Insel vor der Küste Libyens, ohne sich dort anzusiedeln; sie fuhren statt dessen wieder zurück in ihre Heimat. Die auf Thera Zurückgebliebenen weigerten sich, die Auswanderer wieder an Land gehen zu lassen – vermutlich fürchteten sie, diese könnten doch in der Heimat bleiben. Die Auswanderer waren also gezwungen, noch einmal nach Libyen zu segeln und dort endgültig sesshaft zu werden.

Aufgabe 4
Die Männer des Myskellos vertrieben die Liburner, die bislang Korkyra bewohnten, und errichteten dort selbst eine Siedlung. Die Auswanderer aus Thera hingegen gründen Kyrene erst, als die Einheimischen ihr Einverständnis dazu gaben.

Aufgabe 5
Da das Gelände in einer Bucht liegt und durch eine vorgelagerte Insel geschützt ist, war dieser Ort ausgezeichnet als Niederlassung geeignet, insbesondere, wenn man bedenkt, dass gerade die Pflanzstädte im Mittelmeerraum als Handelsstädte auf regen Schiffsverkehr angewiesen waren. Durch die durch die Küstenlinie entstehende Bucht verfügte Syrakus über einen natürlichen Hafen.

Aufgabe 6
Die Münzen gehören zu folgenden Städten:
unten: Naxos (Weinrebe)
oben: Metapontion (Ähre)

Aufgabe 7
Auf den Münzen sind Weinreben und Getreideähren abgebildet.
Die Städte Naxos und Metapontion weisen mit Hilfe der Münzbilder auf die Grundlage ihres Reichtums hin.

Aufgabe 8
Das rohe Metallstück, der Schrötling, wird auf den Unterstempel, der sich auf einem Amboss befindet, aufgelegt; auf ihn kommt der Oberstempel. Dann schlägt man mit einem Hammer einmal fest von oben auf den Oberstempel, so dass der Schrötling links- und rechtsseitig eine Prägung erhält.

Sachanalyse A 6

Olympia – Zentrum der griechischen Welt
In der Landschaft Elis an der Westküste der Halbinsel Peloponnes, wo Olympia liegt, fanden ursprünglich kultische Spiele zu Ehren des Helden Pelops (im Pelopion) und später für Hera (im Heraion) statt. Doch schon immer pflegte man hier den Zeus-Kult. Während der Feierlichkeiten trafen sich hier die Griechen, die über den gesamten Mittelmeerraum verstreut lebten und denen die Spiele ermöglichten, das Zusammengehörigkeitsgefühl aller Hellenen zu demonstrieren und zu bewahren.
Für die Griechen war die Kombination von Gottesdienst und sportlichen Wettkämpfen nicht ungewöhnlich; dies erklärt auch, warum Altäre und Tempel in Olympia unmittelbar neben den Wettkampfstätten liegen. Der religiöse Hintergrund der Spiele war zu jeder Zeit präsent: Für die Dauer der Veranstaltung herrschte ein allgemeiner Gottesfriede für die gesamte griechische Welt; auch waren die Spiele in religiöse Zeremonien eingebettet – ja sie waren im Bewusstsein der Griechen ursprünglich nicht einmal der wichtigste Programmpunkt. Zwar ist auch schon in der Antike festzustellen, dass die Athleten zunehmend für den eigenen Ruhm und Reichtum kämpften, doch erst durch die Wiederaufnahme der Spiele im Jahr 1896 durch Pierre de Coubertin verloren die Spiele ihren religiösen Charakter ganz.
Die Olympischen Spiele waren keineswegs die einzigen religiös-sportlichen Wettkämpfe, die im antiken Griechenland abgehalten wurden; O. Murray, Das frühe Griechenland, München 1982, spricht vielmehr von einem „regelmäßigen Zyklus“ (S. 255), den die Olym-

A 6

pischen und Pythischen (im Abstand von vier Jahren), sowie die Nemeischen und Isthmischen Spiele (im Abstand von zwei Jahren) miteinander gebildet hätten.
Doch welche Bedeutung gerade die Spiele in Olympia für die Griechen hatten, ist daraus ersichtlich, dass sie ihre Zeitrechnung daran ausrichteten: Das Jahr 776 v. Chr. markiert den Beginn der griechischen Zeitrechnung, die folgenden vier Jahre bis zu den nächsten Wettkämpfen nannten sie die erste Olympiade. Im Jahr 393 n. Chr. endete nach der 293. Olympiade die Tradition der antiken olympischen Spiele durch den Erlass des oströmischen Kaisers Theodosius, der die Spiele als „heidnischen Kult“ verbot.

Durchführung der Spiele
Da der Ort Olympia eigentlich nur aus dem Zeus-Heiligtum und aus den Wettkampfstätten bestand, mussten die umliegenden Ortschaften für die Aufnahme der Wettkampfteilnehmer und für die Pflege der Anlagen während der Olympiaden sorgen. Eine Schlüsselrolle nahm dabei die Stadt Elis ein, die nördlich von Olympia lag; dort waren die Athleten während der Spiele untergebracht, dort trainierten sie schon einen Monat vor Beginn der Wettkämpfe. In Elis entschieden die Kampfrichter, die Hellanodiken, wer zum Wettkampf zugelassen werden sollte.
Ausgeschlossen von einer Teilnahme an den Wettkämpfen waren Ehefrauen, Sklaven und Nicht-Griechen, sogenannte „Barbaren“. Mädchen und unverheiratete Frauen waren jedoch als Zuschauerinnen willkommen.
Seit 472 v. Chr. (77. Olympiade) dauerten die Spiele, die ursprünglich an einem Tag abgehalten wurden, fünf Tage; davon entfielen zwei auf die Wettkämpfe. Der erste, dritte und letzte Tag waren vorwiegend der Götterverehrung gewidmet. Am ersten Tag opferten die Athleten unter Leitung der Priester dem Zeus; sie leisteten außerdem den olympischen Eid und wurden von den Hellanodiken formell zu den Wettkämpfen zugelassen. Der dritte Tag war der eigentliche Höhepunkt der Spiele: Er wurde von allen Wettkämpfen freigehalten und war den Opferfeierlichkeiten vorbehalten. Alle Athleten, Schiedsrichter und Zuschauer nahmen an den Opferfeiern zu Ehren des Zeus, der Prozession und dem Hekatombenopfer am Aschenaltar teil. Dieser Tag musste als der Hauptfesttag auf den zweiten oder dritten Vollmond nach der Sommersonnenwende fallen, er legte die Spiele damit auf Juli oder August fest. Am fünften, dem letzten Tag der Veranstaltung, fand die Siegerehrung statt.

Die Wettkämpfe
Der Höhepunkt des zweiten Tages – also des ersten Wettkampftages – war das Wagenrennen mit dem Viergespann (Thetrippon). Da es kostspielig und gefährlich war, zog es die meisten Zuschauer in seinen Bann. Schwierig war der Start, da die Erwartungen hoch und die Nervosität bei Zuschauern wie Athleten gleichermaßen groß waren. Insbesondere das Wenden an der Wendesäule, das zwölfmal bewältigt werden musste, wurde als spektakulär empfunden, stellte es doch die gefährlichste Aktion dieses Rennens dar, das sich über zwölf Runden erstreckte. Die Besonderheit beim Wagenrennen bestand darin, dass der Eigentümer des Gespanns als Olympiasieger galt – nicht der Wagenlenker.
Der Fünfkampf, das Pentathlon, wurde zu den 18. Spielen im Jahr 708 v. Chr. eingeführt, war also nach den Laufwettbewerben die zweite olympische Disziplin. Diskuswurf, Weitsprung und Speerwurf konnten nur im Rahmen des Fünfkampfes ausgeübt werden, Stadionlauf und später Ringen gab es auch als eigene Disziplinen. Man vermutet, dass die fünf Sportarten so aufeinander folgten, dass abwechselnd Arme und Beine der Athleten belastet wurden. Das Ringen, das den letzten Wettbewerb innerhalb des Fünfkampfes ausmachte, war der Höhepunkt dieser Disziplin; es konnte aber auch ganz ausfallen, wenn der Sieger, der sich in drei der fünf Disziplinen durchsetzen musste, schon vorher feststand.
Die Laufwettbewerbe begannen im Stadion von Olympia an einer gerillten Steinschwelle, wo höchstens 20 Läufer nebeneinander Platz fanden. Meldeten sich also mehr Athleten, so mussten Vorausscheidungen ausgetragen werden. Da eine objektive Zeitmessung nicht möglich war, waren an der Ziellinie drei Kampfrichter postiert, die entscheiden mussten, welcher der Teilnehmer als erster durchs Ziel ging.
Die Kampfsportarten waren die populärsten Disziplinen der Olympischen Spiele in der Antike. Besonders das Ringen war für viele der Inbegriff des Sports überhaupt. Gekämpft wurde nach dem K.-o.-System, eine Punktewertung oder eine zeitliche Grenze gab es ebenso wenig wie eine Einteilung der Ringer in verschiedene Gewichtsklassen; auch dies trug vermutlich dazu bei, dass die Zuschauer beim Ringkampf auf ihre Kosten kamen.
Im Anschluss an die Ringkämpfe fanden am Nachmittag des vierten Tages die Faustkämpfe, die dem heutigen Boxen verwandt sind, statt. Beim Allkampf, dem Pankration, kam es vor allem darauf an, den Gegner kampfunfähig zu machen.
Der Waffenlauf, der die Wettkämpfe beschloss, verdeutlicht den Zusammenhang von sportlichen und militärischen Übungen bei den Griechen: Die Abkehr von duellartigen Einzelkämpfen der Adeligen und die Herausbildung der Hoplitenphalanx, wo schwerbewaffnete Kämpfer in festen Schlachtreihen antraten, erforderten neue, veränderte Trainingsbedingungen. Der Kreis der Krieger hatte sich durch die Phalanx

auch auf die reicheren Bauern erweitert, die auf eine spezielle Ausbildung und gezieltes Training, das auch zeitlich begrenzt sein musste, angewiesen waren. Deshalb wurden die „Gymnasien" eingerichtet, in denen alle freien Bürger ihre Körper trainieren konnten; die Entstehung des Waffenlaufs als Sportart ist auf diese Übungen zurückzuführen, da die Hopliten oft längere Strecken mit voller Ausrüstung (Brustpanzer, Beinschienen und Helm, Lanze und Kurzschwert) laufend zurücklegten.

Methoden A 6

Aufgrund der Aktualität und des scheinbar ungehinderten gedanklichen Zugangs stößt die Besprechung der Olympischen Spiele im Geschichtsunterricht in der Regel auf große Zustimmung bei den Schülern; deshalb wird diesem Thema in den Arbeitsblättern relativ viel Platz eingeräumt. Um dem Stellenwert des Themas im Unterricht gerecht zu werden, bietet dieses Arbeitsblatt Materialien zu so verschiedenen Aspekten wie Anlage von Olympia, Olympischer Eid, Vorbereitung auf die Wettkämpfe, einzelne Disziplinen, Besonderheiten einiger Spiele, Sieg in Olympia und Kritik an den Spielen. Die Themenkreise ergänzen einander und runden das Bild, das der Schüler von den Olympischen Spielen der Antike gewinnt, ab.
Es dürfte jedoch nur schwer möglich sein, alle Aspekte im lehrerzentrierten Unterricht zu behandeln, so dass sich hier Gruppenarbeit als methodische Alternative anbietet.
Arbeitsaufträge für die einzelnen Gruppen könnten lauten:

1. Zeigt, dass die Spiele neben dem sportlichen auch einen religiösen Charakter hatten (M 1 / M 2, M 9)!
2. Beschreibt, wie sich die Athleten auf die Spiele vorbereiteten (M 4, M 6)!
3. Vergleicht die Darstellungen des antiken Faustkampfes mit denen des modernen Boxkampfes (M 5)! Was ist gleich, was anders als heute?
4. Überlegt, welche olympischen Disziplinen der Antike es heute nicht mehr gibt und welche neu hinzugekommen sind (M 8, M 10)!
5. Stellt die Entwicklung der Olympischen Spiele dar (M 10–M 12, M 15)!
6. Vergleicht den antiken mit dem modernen Olympiasieg (M 13 / M 14)!
7. Fasst zusammen, wie Griechen die Spiele beurteilten. Was lobten sie an ihnen, was kritisierten sie (M 15–M 17)?

Lösungen A 6

Aufgabe 1

Die Spiele waren als sportliche Wettkämpfe Bestandteil kultischer Feierlichkeiten zu Ehren des Zeus.
Der Lageplan von Olympia verdeutlicht dies, da er vorwiegend Gebäude und Anlagen zeigt, die religiöse Bedeutung hatten: Zeustempel, Zeusaltar, Heratempel, Heiligtum des Pelops. Das Stadion, das Hippodrom und die Trainingsstätten (Palästra) nehmen sich dagegen vergleichsweise bescheiden aus.
Auch der olympische Eid, der vor der Zeusstatue abgelegt werden musste, verweist auf den kultischen Hintergrund.

Aufgabe 2

Der religiöse Bezug fehlt beim modernen Eid zwangsläufig, aber noch immer müssen die Athleten ihre sportliche Einstellung bezeugen. Die Dauer des vorangegangenen Trainings ist heute jedoch nicht mehr Bestandteil des Eids; sie ist ins Ermessen der Sportler gestellt.

Aufgabe 3

Philostratos (M 6) schildert die Vorbereitung auf die Spiele:

- Krafttraining (durch Lastentragen, durch Ziehen von Ochsenkarren, Biegen von dicken Eisenplatten und Löwen- und Stierbändigung),
- Lauftraining (Wettläufe mit Hasen und Pferden),
- Üben des einfachen Lebens (Baden in Flüssen, Schlafen auf der Erde etc.),
- aber: stärkende Speisen (Brot und Fleisch).

Das Vasenbild (M 4) zeigt die unmittelbaren Wettkampfvorbereitungen:

- der Athlet links lässt sich den Fuß massieren,
- der mittlere Athlet ist im Begriff, seinen Körper einzuölen,
- der Athlet rechts zieht seinen Mantel aus, offensichtlich begibt er sich zu seinem Wettkampf.

Aufgabe 4

Die Gemeinsamkeiten sind dem Bild zu entnehmen: Der antike Faustkampf war ebenso wie das moderne Boxen ein Kampf Mann gegen Mann. Auch einen Handschutz (gebunden aus ca. drei Meter langen Bändern), ähnlich dem heutigen Boxhandschuh, gab es schon. Folgende Unterschiede, die der Abbildung nicht zu entnehmen sind, kann der Lehrer als Information nennen: Es gab keinen Sieg nach Punkten, sondern ausschließlich K.-o.-System, eine Einteilung in Runden fand nicht statt, der Kampf wurde ohne Unterbrechung zu Ende geführt; er war also ungleich härter als seine moderne Variante, Todesfälle während des Kampfes waren nicht selten.

Die Abbildung zeigt einen angeschlagenen Athleten, der durch Handheben seine Bereitschaft zur Aufgabe signalisiert.

Aufgabe 5
Die unterschiedliche Arm- und Beinhaltung gibt Auskunft über Kurz- oder Langstreckenlauf. Heute sind diese Disziplinen angesichts der Fülle von scheinbar attraktiveren Ausscheidungen in den Hintergrund getreten; in der Antike hatten sie große Bedeutung (es war keine besondere Ausrüstung nötig!), war doch der Stadionlauf die erste olympische Disziplin überhaupt.

Aufgabe 6
Nicht mehr bei Olympia vertreten ist das Wagenrennen, neu hinzugekommen sind z. B. Hochsprung, Stabhochsprung, Schwimmen und die gesamten Winterspiele.

Aufgabe 7
Die neu hinzu gekommenen Disziplinen wurden in der Austragung komplizierter (z. B. Fünfkampf, Pferderennen), entstammen aber alle dem täglichen Erfahrungsbereich der Griechen (vor allem der Krieger).

Aufgabe 8
Die Ausrufung Neros zum Sieger im Wagenrennen steht symptomatisch für den beginnenden Verfall der Spiele, die dann 393 n. Chr. ganz verboten wurden.
Pierre de Coubertin rief die Spiele in neuer Form wieder ins Leben, so dass sie erstmals in der Neuzeit 1896 in Athen wieder stattfinden konnten.
1916, 1940 und 1944 mussten die Spiele wegen des Ersten und Zweiten Weltkriegs ausfallen.

Aufgabe 9
Die Siegerlisten sind erklärlich, da es anfangs nur eine Disziplin gab und die Teilnehmerschaft auf den nordpeloponnesischen Raum begrenzt war.

Aufgabe 10
Der Olympiasieger (der erste in seiner Disziplin, denn der zweite und dritte wurden im Gegensatz zu den neuzeitlichen Spielen nicht ausgezeichnet) ist an einem Arm und am Oberschenkel mit roten Bändern, den Tänien, geschmückt, die ihn als besonders Auserwählten herausstellten. Es handelt sich dabei um einen kultischen Brauch. In den Händen trägt er einen Ölzweig, den errungenen Siegerkranz.
Die Siegprämien, die in Olympia überreicht wurden, waren nur ideeller Art; auch Pindar stellt diesen Aspekt in den Vordergrund.
Materiell wurde der Sieger erst in seiner Heimat geehrt: Oft gab es Geldpreise, den Erlass von Steuerzahlungen und Ehrenplätze bei öffentlichen Veranstaltungen.

Aufgabe 11
Xenophanes (M 15) kritisiert, dass die Leistung der Sportler nicht so hoch geschätzt werden dürfte, da sie eigentlich nutzlos sei. Er hält nichts davon, körperliche Stärke über die des Geistes zu stellen.
Dion Chrysostomos (M 16) hingegen ist der Ansicht, das „nichtsnutzige Geld" sei schuld an der zunehmenden Kommerzialisierung der Spiele, die er schon für die Antike feststellt. Obwohl es nicht um wichtige Dinge des menschlichen Lebens, etwa ein Königreich oder eine Frau, gehe, kämpften „erbärmliche Gestalten" gegeneinander. Außerdem hält er die Spiele für Scheinkämpfe, da doch immer die gleichen Athleten antreten würden.
Lukian (M 17) hält die Spiele für sinnvoll. Er formuliert hier die damals häufig vertretene Ansicht, die Jugend würde durch harte sportliche Übungen zu jeder Jahreszeit und bei jedem Wetter abgehärtet und damit unempfindlicher und kräftiger; auch glaubt er, dass der Sport eine sinnvolle Freizeitbeschäftigung sei, die die Jugendlichen davor bewahren könne, „nach Schimpflichem [zu] streben". Er erwähnt auch den militärischen Gesichtspunkt, der hinter den sportlichen Übungen stand: Die Jugend sollte gut trainiert möglichen Angreifern Widerstand leisten können.

Sachanalyse A 7

Die Einwanderung der Dorer
Als um 1200 v. Chr. die zweite Welle der indoeuropäischen Wanderungen stattfand, fielen die Dorer in Griechenland ein und ließen sich auf der Halbinsel Peloponnes in der Landschaft Lakonien nieder. Die dort ansässigen Achäer hatten sie mit Hilfe ihrer Eisenwaffen, die sie aus dem Norden mitbrachten, unterworfen und zu ihren Untertanen gemacht. Das Land nahmen die Dorer in Besitz, die einheimische Bevölkerung musste es für sie bewirtschaften. Um 800 v. Chr. errichteten die Dorer am Fluss Eurotas um die bestehenden Ansiedlungen Limnai, Mesoa, Kynosura und Pitane den Staat Sparta – einen Territorialstaat, der sich schon in seiner räumlichen Ausdehnung von den übrigen Poleis unterschied. In der Folgezeit unterwarfen die Spartiaten die südliche Peloponnes und eroberten das fruchtbare Messenien.
Der Prozess der Einwanderung und Unterwerfung der ansässigen Bevölkerung erstreckte sich über mehrere Jahrhunderte. Wir müssen also davon ausgehen, dass die Dorer ihre Überlegenheit, die sie aufgrund ihrer neuartigen Waffen besaßen, nicht offen ausspielen konnten. Vielmehr bestand wohl an der Grenze zwischen den neuangekommenen Dorern und den einheimischen Achäern, die man gemeinhin bei der mykenischen Stadt Amyklai lokalisiert, eine Art von dauern-

A 7

dem Kriegszustand, der auch dafür verantwortlich war, dass das Königtum der Wanderzeit bis um 800 v. Chr. erhalten blieb und erst dann in das spartanische Gemeinwesen integriert werden konnte.

Die gesellschaftliche Gliederung Spartas

Die dorischen Einwanderer, die Spartiaten, bildeten die Spitze der Gesellschaft. Zwar waren sie bei weitem nicht so zahlreich wie die übrigen Bevölkerungsgruppen (man geht für das frühe 5. Jahrhundert von 9000 Spartiaten und 60 000 Heloten aus), doch durch ihre bessere Ausrüstung als Schwerbewaffnete (Hopliten), die hervorragende Ausbildung als Krieger und die Ausbildung einer besonderen Kampfesformation, der Phalanx, gelang es ihnen, ihre bevorrechtigte Stellung zu behaupten. Die Spartiaten bestimmten das politische, wirtschaftliche und gesellschaftliche Leben Spartas vollständig.

Geschah es in der Antike, dass ein Land von einem fremden Volksstamm erobert wurde, so wurde üblicherweise die einheimische Bevölkerung – wenigstens in ihrer Mehrzahl – in die Sklaverei verkauft. Die Dorer gingen anders vor: Sie unterwarfen die Achäer, beließen sie in ihrer Heimat und zwangen sie, dort als Sklaven zu arbeiten. Dies schuf in der Folgezeit gewaltige Probleme, die darin ihren plakativsten Ausdruck fanden, dass die Spartiaten den Heloten alljährlich von neuem den Krieg erklärten.

Die Heloten waren Staatssklaven, d. h. anders als in Athen, wo ein Sklave Privatbesitz war, gehörten sie in Sparta nicht einem Herrn, sondern allen Spartiaten zusammen. Auch dies ist Ausdruck des aus der gesellschaftlichen Situation resultierenden Gemeinschaftsgefühls der Spartiaten.

Die dritte Bevölkerungsgruppe Spartas, die „Umwohner“, Periöken genannt, kann man noch immer nicht genau zuordnen. Wir wissen, dass sie am Rande des spartanischen Herrschaftsbereiches als Bauern oder Handwerker ansässig und persönlich frei waren; sie konnten jedoch auf das politische Leben Spartas kaum Einfluss nehmen, ihr einziges Recht war das der Heeresfolge. Möglich, dass es sich bei den Periöken auch um Dorer handelt, die aber den Königsgeschlechtern nicht nahe standen und deshalb in eine untergeordnete Position gedrängt wurden; möglich auch, dass es sich um Achäer handelt, die sich den Eindringlingen williger unterordneten als der Teil der ursprünglichen Bevölkerung, der dann als Heloten in den Stand von Staatssklaven herabgedrückt wurde.

Die Verfassung Spartas

Anders als in Athen durchlief die Entwicklung der staatlichen Institutionen Spartas keinen deutlich sichtbaren Wandel. Sparta behielt die Monarchie der Wanderungszeit bei, das Königtum war in den Geschlechtern der Agiaden, die sich auf Herkules als ihren Ahnherrn beriefen, und der Eurypontiden erblich. In der Zeit nach den Wanderungen verlor es allerdings an politischer Macht, da die Könige durch die Ephoren beaufsichtigt wurden.

Insgesamt gab es in Sparta vier Verfassungsorgane: das Königtum, das Ephorat, die Gerusia und die Volksversammlung. Die Gerusia war das aristokratische Element in der Verfassung, wurden doch alle 28 Mitglieder (mit Ausnahme der beiden Könige) auf Lebenszeit gewählt. Die Volksversammlung, das demokratische Element der Verfassung, hatte demgegenüber relativ wenig Bedeutung, konnte sie doch auf die Politik nicht aktiv Einfluss nehmen, sondern nur den Kriegsfall billigen oder verhindern.

Die Ephoren hatten die größte Macht in Sparta, sie kontrollierten die Gerusia und damit auch die Könige, und sie konnten Beamte entlassen und sogar auf Leben und Tod anklagen. Diese „Aufseher“ wurden von der Volksversammlung jeweils nur auf ein Jahr gewählt, trotzdem gelang es ihnen, sich persönliche Vorteile zu verschaffen und ihre Macht auszudehnen. War jedoch ihre Amtszeit abgelaufen, mussten sie sich vor ihren Nachfolgern rechtfertigen.

Methoden A 7

Da während des Dritten Reichs die Spartaner als Idealbild der heroischen Kämpfer und Sparta als quasi-nordisch-arischer Stadtstaat präsentiert wurden, wurde dieser Polis eine Vorbildfunktion zugeschrieben, die kritisch gesehen werden muss. Das Bemühen der Nazis und ihrer Erfüllungsgehilfen an Schulen und Hochschulen hat dazu beigetragen, dass die Geschichte Spartas in den letzten Jahren und Jahrzehnten einen negativen Beigeschmack erhalten hat. Sparta wurde im Geschichtsunterricht nur mehr am Rande behandelt.

Dies ist jedoch ein Verlust für die Geschichte: Die spartanische Lebensweise ist für Schüler der Unter- und Mittelstufe besonders anschaulich, außerdem finden Schüler sowohl positive wie auch negative Identifikationsmuster.

Zudem wird die Sonderentwicklung der Polis Athen nur verständlich, wenn den Schülern auch andere Formen staatlicher Organisation, wie sie im antiken Griechenland existierten, bekannt sind.

Das Arbeitsblatt ist so aufgebaut, dass es im Unterricht chronologisch behandelt werden kann; dafür sind etwa zwei Unterrichtsstunden zu veranschlagen.

Es ist sicherlich auch sinnvoll, die Schüler in Gruppen- oder Partnerarbeit mit der Erarbeitung einzelner Themenkreise zu beauftragen. Mögliche Arbeitsaufträge können lauten:

- Beschreibt, wo Sparta liegt und welche besonderen Kennzeichen typisch sind für diese Polis. Bearbeitet dazu die Materialien 1, 2 und 3.
- Erklärt, wie die Jungen und Mädchen erzogen wurden (M 4 / M 5). Was wollte man damit erreichen?
- Erläutert, wie Hopliten gekleidet und bewaffnet waren. Wozu diente dies (M 6 – M 8)?
- Wie kämpften die Spartiaten (M 9 / M 10)? Welchen Vorteil sahen sie darin?

Lösungen A 7

Aufgabe 1
Nach Aussage von Aristoteles lebten Männer und Frauen in Sparta in völlig verschiedenen Lebenswelten: Die Männer zogen in den Krieg, während sich die Frauen um die Ordnung im Land und in der Familie kümmerten.

Aufgabe 2
Tyrtaios berichtet in seinem Gedicht von der Unterdrückung der Messenier durch die Spartiaten, wie sie als Folge der Messenischen Kriege (ca. 750 – 640 v. Chr.) auftrat.
Die Messenier, die wohl nach ihrer Unterwerfung die Periöken, die Umwohner Spartas bilden, waren Bauern; der im Text genannte „Ertrag [...] aus dem Acker" deutet darauf hin.

Aufgabe 4
Die Jungen wurden zu tüchtigen Kriegern erzogen; sie sollten
- sportlich,
- furchtlos,
- genügsam und
- widerstandsfähig sein.

Deshalb erzog angeblich Lykurg die Knaben selbst, entscheidend ist aber, dass sie ebenso wie die erwachsenen Männer in Tischgemeinschaften (Syssitien) zusammenlebten.
Die Mädchen und Frauen sollten vor allem für gesunden Nachwuchs sorgen; ihre körperliche Ertüchtigung wurde deshalb groß geschrieben.

Aufgabe 5
In Sparta gab es neben den Periöken die Spartiaten und die Heloten. Die Spartiaten, die dorischen Einwanderer (um 1200 v. Chr.), hatten die ansässige Bevölkerung vertrieben oder unterworfen und zu Staatssklaven, Heloten, gemacht.
Die Spartiaten waren aber in der Minderzahl: Es gab in Sparta etwa 9000 Spartiaten, 60 000 Periöken und ca. 200 000 Heloten. Da die Spartiaten die ehemalige Urbevölkerung in Unterdrückung und Abhängigkeit hielten, mussten sie stets mit einem Aufstand oder mit Überfällen der Heloten rechnen. So sorgten sie u. a. durch die Konstruktion der Haustür dafür, dass ihnen die Heloten nichts anhaben konnten.

Aufgabe 6
Die Hopliten sind schwer bewaffnete Kämpfer, die eine Rüstung und einen Helm tragen und mit Rundschild, Speer und Schwert ausgestattet sind.
Der Krieger (M 7) drückt die spartanische Lebenseinstellung am anschaulichsten aus: Geschützt durch einen eisernen Helm und bis zur Unkenntlichkeit anonym, verkörpert er den dauernden Kriegszustand, in dem die Spartiaten lebten, wie den Verzicht auf jegliche Individualität zugunsten des Gemeinwesens.

Aufgabe 7
Die Ausrüstung eines Hopliten war billiger als die eines Reiters, d. h. es konnten mehr Krieger in die Schlacht ziehen. Dabei bot die Phalanx den Vorteil, dass sie sich im Kampf als sehr widerstandsfähig erwies, da an die Stelle eines gefallenen Kämpfers sofort ein anderer nachrückte, der Schlachtreihe somit keine Lücken beizubringen waren. Zudem erforderte der Kampf in der Phalanx ein hohes Maß an Disziplin, die eingeübt werden musste, was sich auf das Verhalten der Hopliten im Kampf positiv ausübte.

Sachanalyse A 8

Die Entwicklung Athens zur Demokratie wird in diesem Arbeitsblatt sehr ausführlich dokumentiert. Dies geschieht aus dem Bewusstsein heraus, dass es sich dabei um ein Thema handelt, das nicht nur grundlegend ist für das Verständnis der modernen Demokratien, z. B. der Bundesrepublik Deutschland, sondern das es den Schülern auch ermöglicht, eigene Standpunkte und soziale Wertvorstellungen zu entwickeln und – in der Progression der nachfolgenden Jahre Geschichtsunterricht jeweils differenzierter – kompetent zu vertreten und auch persönlich engagiert dafür einzustehen.

Als im 8. Jahrhundert die Zeit der Könige zu Ende ging, über die wir aufgrund der unbefriedigenden Quellenlage recht wenig wissen, zogen einflussreiche Adelsfamilien die Herrschaft an sich, indem sie das Amt des Königs durch die der drei Archonten ersetzten: der Archon basileus, der Archon eponymos und der Polemarchos waren für die Regierung der Polis zuständig. Später kamen noch sechs Thesmotheten (oberste Gesetzeshüter) hinzu, die Zahl der Archonten stieg damit auf neun. In diesem Kollegium scheint es eine sehr klare Aufgabenteilung gegeben zu haben: Der Archon basileus war oberster Richter, er entschied bei

A 8

Mord, Totschlag oder Religionsfrevel. Der Archon eponymos führte den Vorsitz in Gerichtsverhandlungen, wenn es um zivilrechtliche oder Erbstreitigkeiten ging; ihm oblag auch die Ausrichtung von öffentlichen Festen. Der Polemarchos war der Anführer im Krieg. Die Archonten blieben ein Jahr im Amt, so sollte verhindert werden, dass ihr Einfluss zu groß werden könnte. Eine der ersten Amtshandlungen der adeligen Thesmotheten scheint die schriftliche Fixierung des geltenden Rechts gewesen zu sein. Diese Entwicklung nahm in den Kolonien ihren Ausgang, da es dort aufgrund der geringeren Widerstände etablierter Familien offensichtlich leichter war, Rechtssicherheit zu schaffen. Der vielleicht sagenhafte Drakon ist in diesem Umfeld zu sehen; möglich, dass er einer der Thesmotheten war, dessen Name bis heute überliefert ist.
Die wirtschaftlichen Probleme Athens um 600 v. Chr., die aus dem Übergang vom Tauschhandel zur Geldwirtschaft resultierten, führten zur Verarmung großer Bevölkerungsgruppen, namentlich der Bauern, Fischer und Hirten. Die adelige Oberschicht nützte diese Situation zur Stabilisierung ihrer wirtschaftlichen Macht und damit ihres Einflusses in Regierung und Rechtsprechung aus. Doch um sozialen Unruhen zuvorzukommen, mussten die Verhältnisse grundlegend stabilisiert werden; während in anderen Poleis derartige Krisen oft zur Herrschaft von Tyrannen führten, berief man in Athen Solon, einen Adeligen, den man für fähig hielt, Reformen durchzuführen, die weder arm noch reich übervorteilen würden. Solon reformierte dann auch als Archon die Gesetze der Polis Athen: 594 v. Chr. verfügte er einen Schuldenerlass, hob die Leibeigenschaft auf und kaufte versklavte Bürger auf Staatskosten zurück; diese Maßnahmen waren jedoch nicht im Sinne der adeligen Oberschicht. Er verteilte aber nicht Grund und Boden neu, wie es die Landbevölkerung erwartet hatte. Insofern handelt es sich bei den Reformen Solons um eine Kompromisslösung, die keine Bevölkerungsgruppe bevorzugte, aber auch keine ganz zufriedenstellte. Neben der sozialen führte Solon auch eine Verfassungsreform durch: Er schwächte den Einfluss der Adeligen auf die Politik durch die Einführung einer timokratischen Verfassung, in der die Schichtzugehörigkeit an den Besitz gebunden war; so konnten nun wohlhabende Nichtadelige politische Ämter erreichen. Auch die bislang rechtlose Schicht (Handwerker, Kleinbauern, Tagelöhner) waren nun zur Volksversammlung und zum Volksgericht zugelassen.
Doch die solonische Ordnung war nicht stabil: Schon 560 v. Chr. setzte sich Peisistratos als Tyrann durch. Seine Herrschaft war für die Bevölkerung erträglich, er ließ auch die Ämter, wie Solon sie geschaffen hatte, bestehen – doch er besetzte sie mit seinen Anhängern. Erst unter seinen Söhnen wurde die Tyrannis zur Gewaltherrschaft, was zur Ermordung des Hipparchos und der Vertreibung des Hippias (um 510 v. Chr.) führte.
Das Kernstück der Reform des Kleisthenes war die Phylenreform. Die Phylen, die schon seit Solon als Geschlechterverbände bestanden, wurden nun neu organisiert. Dazu wurde das Gebiet der Polis Athen in drei Teile geteilt: in das Stadtgebiet Athens, die Küstengebiete und das Binnenland. Jedes dieser Gebiete wurde wieder in zehn Einheiten aufgegliedert. Die von Kleisthenes neu geschaffenen Phylen bestanden nun aus einem Gebiet der Stadt, einem der Küstenregion und einem des Binnenlandes; es gab nun also zehn Phylen, die hinsichtlich ihrer sozialen und berufsständischen Zusammensetzung gemischt waren. Diese Phyleneinteilung war besonders im Krieg von Bedeutung, stellte doch jede Phyle eine Abteilung des Fußvolks. In Friedenszeiten entsandte jede Phyle 50 Mitglieder in den Rat der 500 und führte für ein Zehntel des Jahres die Regierungsgeschäfte. Einmal im Jahr musste die Volksversammlung eine besondere Entscheidung treffen: Mit Hilfe des Scherbengerichts musste sie den Bürger aus dem Staat verbannen, von dem die Mehrheit der stimmberechtigten Bevölkerung Athens (alle Vollbürger über 18 Jahren) annahm, er würde die demokratische Ordnung bedrohen.

Methoden A 8

Da der in diesem Kapitel behandelte verfassungspolitische Aspekt für Schüler wenig zugänglich ist, wurde hier der Weg gewählt, die Entwicklung vom Königtum zur Demokratie in chronologisch-kontrastiver Form darzubieten. Die vier Verfassungsskizzen (M 4) stellen dann noch einmal das schon theoretisch erarbeitete in graphischer Form anschaulich gegenüber.

Lösungen A 8

Aufgabe 1
Durant legt dar, dass das Königtum nur als Übergangslösung für Krisenzeiten gedacht war. Nach Herstellung von Ruhe und Ordnung waren die Adeligen nicht mehr gewillt, sich einem Herrscher aus ihren Reihen unterzuordnen. Somit ging die Staatsgewalt an sie über; die Adeligen profitierten also vom Übergang von der Monarchie zur Aristokratie.

Aufgabe 2
Aristoteles hebt vor allem das freundliche Wesen des Peisistratos hervor; er scheint der Staatsmann zu sein, der ihn auch menschlich am meisten interessiert. So bezeichnet er ihn als „maßvoll“, „freundlich“ und „nachsichtig“. Auch Solon erwarb sich – nach Meinung des Aristoteles – Verdienste: Er habe „das Volk für

die Gegenwart" befreit, außerdem habe er die drei obersten Klassen der Bevölkerung zum Archontat zugelassen. Dieses Verdienst Solons schränkt Aristoteles allerdings durch ein „nur" ein und zeigt damit an, dass er es für falsch hält, die vierte Klasse von der politischen Mitwirkung auszuschließen. An Kleisthenes lobt er, dass seine Verfassung „viel demokratischer als diejenige Solons" war und er hebt weiter hervor, dass Kleisthenes den Ostrakismos einführte.

Aufgabe 3
Hatte die Bevölkerung Athens anfangs nur Untertanenstatus, so kommt ihr im Laufe ihrer Geschichte immer mehr Bedeutung zu: Unter Solon wurden die Athener – ausgehend von ihrer Steuerleistung – in vier Klassen eingeteilt, die mit jeweils verschiedenen Rechten ausgestattet waren. Erst Kleisthenes stellt dann die Isonomie her, die Gleichheit vor dem Gesetz. Sowohl der König als auch die Adeligen verloren zunehmend an Macht. War der König in der monarchischen Zeit uneingeschränkter Herrscher über Land und Leute, so musste er sich in der aristokratischen Zeit mit einer untergeordneten Stellung zufriedengeben; als archon basileus, als oberster Priester, war er nur mehr für die religiös-kultischen Aufgaben zuständig.
Die aristokratische Verfassung veranschaulicht die Entmachtung des Königs durch den attischen Adel. Doch auch die Macht der Adeligen wurde durch die von Solon initiierte Zulassung der ersten drei Steuerklassen zu verschiedenen politischen Ämtern untergraben, bis Kleisthenes durch die Phylenreform den Einfluss der alten Familien ganz brach.
Bauern, Handwerker und kleine Händler gehörten in Athen gemeinhin zur 3. Klasse, also zur Gruppe der 200-Scheffler, die im Kampf die Hopliten stellten. Aus diesem Grund gewährte ihnen Solon schon gewisse Mitspracherechte, sie konnten z. B. in den Rat der 500 gewählt werden. Erst durch die neue Phylenordnung des Kleisthenes gewannen sie ebenso wie die Mitglieder der bisherigen 4. Klasse, also Lohn- und Gelegenheitsarbeiter, wirkliche politische und rechtliche Gleichberechtigung.

Aufgabe 4
Wurde ein Athener verdächtigt, auf die Politik zu viel Einfluss zu nehmen, so konnte sich die Bürgerschaft dazu entschließen, ihn für zehn Jahre des Landes zu verweisen. Der Verbannte konnte somit die politischen Geschehnisse nicht mehr lenken, er konnte jedoch – da ihm sein Vermögen gelassen wurde – nach Athen zurückkehren und dort in Frieden und Ansehen weiterleben. Selbst Themistokles, der Sieger von Salamis, wurde ins Exil geschickt, als in Athen eine spartafreundliche Regierung im Amt war.
Die Möglichkeit, nach zehn Jahren zurückzukehren und in die alten Stellungen wieder einzutreten, zeigt, dass die Athener sich nur kurzfristig schützen, dem Betreffenden aber langfristig nicht schaden wollten.

Aufgabe 5
Aristoteles, der den Staat für eine „Gemeinschaft gleichberechtigter Bürger" hält, lobt die Herrschaftsform, in der „die Mehrheit des Volkes" das Sagen hat, und hebt damit ab auf den Unterschied von Demokratie und Aristokratie.
Für den zitierten Perser stellt das Volk nur eine „nutzlose Menge" dar, die nichts von Politik versteht und nicht weiß, was für die Gesamtheit der Bewohner eines Landes sinnvoll ist.

Sachanalyse A 9

Das Achämenidenreich im Osten stellte für die Griechen keine unmittelbare Bedrohung dar; zwar hatte König Kyros die Meder unterworfen, das Neubabylonische und das Lyderreich erobert und einen Vielvölkerstaat geschaffen, doch in diesem herrschte weitgehend kulturelle Autonomie. Die Herrschaft war jedoch zentralistisch organisiert, Satrapen verwalteten im Namen des Großkönigs die Reichsteile und trieben die Steuern ein. Dies ist wohl als ein Auslöser für den Ionischen Aufstand anzusehen: Die kleinasiatischen Griechenstädte waren als Endpunkte der persischen Handelsstraßen und Hafenstädte reich geworden und waren im Jahr 500 v. Chr. nicht länger gewillt, diesen Reichtum mit den persischen Herrschern zu teilen. Deshalb und weil sie die Fremdherrschaft abschütteln wollten erhoben sie sich unter der Führung des Aristagoras von Milet, riefen andere griechische Poleis zu Hilfe, wurden jedoch nur von Athen (mit zwanzig Schiffen) und Eretria auf Euböa (mit fünf Schiffen) unterstützt; Sparta war wegen eines Konflikts mit Argos der Expedition ferngeblieben. Wie nicht anders zu erwarten, wurde der Aufstand niedergeschlagen, Milet im Jahr 494 zerstört.
Da sich die Griechen nun nicht, wie von den Persern gefordert, vollständig unterwarfen, schickte Dareios I. 20 000 Soldaten auf eine Strafexpedition, die gegen Athen gerichtet war. Bei Marathon, wo die persischen Truppen an Land gingen, wurden sie von attischen Hopliten erwartet und dank ihrer Phalanxtechnik geschlagen (490 v. Chr.).
Der junge Xerxes, ein Sohn des Dareios, bereitete zehn Jahre nach Marathon einen umfassenden Feldzug gegen die Griechen vor. Er wollte einen Eroberungskrieg größten Stiles führen und den Südosten Europas in das persische Großreich eingliedern. Athen, Sparta, Ägina und Korinth bildeten eine Symmachie, einen Kampf-

A 9

bund, und organisierten ihre Verteidigung zu Land und zu Wasser. Während die Griechen unter der Führung des Spartaners Leonidas an den Thermopylen den Persern unterlagen, konnte die griechische Flotte einen Seesieg (bei Salamis) erzielen. Die Strategie des Themistokles, der die Gewinne aus den attischen Silberbergwerken dazu verwendet hatte, eine Flotte auszurüsten, war also erfolgreich. Die Perser, die Mittelgriechenland schon in ihrer Hand und das evakuierte Athen schon zerstört hatten, mussten eine entscheidende Niederlage hinnehmen, die im folgenden Jahr durch den Sieg des griechischen Heeres bei Plataä noch einmal bestätigt wurde.
Mit dem Doppelsieg von 480 und 479 v. Chr. war die persische Bedrohung dauerhaft gebannt.

Methoden A 9

Die Perserkriege markieren einen Wendepunkt in der antiken griechischen Geschichte, führt doch der Sieg vor allem der Athener über das Heer des Xerxes zu einer exponierten Stellung der Polis Athen im gesamten östlichen Mittelmeer. Die Gründung des Delisch-Attischen Seebundes, die Verwaltung der Bundeskasse durch Athen, dessen machtpolitisches Interesse verbunden mit dem Rückzug der athenischen Bundesgenossen aus der aktiven Politik des Bundes ermöglichte es den Athenern, über Jahrzehnte eine führende Rolle unter den griechischen Poleis zu spielen, die ihren Niederschlag nicht nur in der wirtschaftlichen, sondern auch in seiner kulturellen Vormachtstellung fand.
Dieses Arbeitsblatt ist so gestaltet, dass wichtige Aspekte der Perserkriege schlaglichtartig beleuchtet werden: der Vergleich zwischen Griechenland und Persien, der Flottenbau Athens und seine Folgen sowie die Vormachtstellung Athens nach den Kriegen. Auswahl und exemplarisches Vorgehen ist also das Prinzip, nicht Vollständigkeit (die sowie nicht zu erreichen wäre) oder chronologische Darstellung der militärischen Ereignisse (diese sind in M 10 jedoch kurz genannt, so dass die Möglichkeit der Orientierung jederzeit besteht).

Lösungen A 9

Aufgabe 1
Die Karte zeigt die geographische Überlegenheit der Perser, mit der eine personelle einhergeht; ein Beispiel: Man kann davon ausgehen, dass in der Schlacht von Marathon 10 000 Griechen auf 20 000 Perser trafen.
Diesen äußerlichen Faktoren steht das größere Engagement der Griechen gegenüber, das in M 2 deutlich wird. Die Griechen sind keine bezahlten Soldaten, die auf fremdem Boden für eine sie nicht persönlich betreffende Sache kämpfen, sondern sie verteidigen ihr Land, ihren Besitz, kämpfen für ihre Familien und Landsleute.
Wägt man beide Aspekte ab, kann man schon an einen Sieg der Griechen, der jedoch gewaltige Anstrengungen verlangen wird, glauben.

Aufgabe 2
Der Grieche ist kräftiger dargestellt, auch zeigt er mehr körperlichen Einsatz als der Perser, der im Vergleich eher schmächtig und unbeholfen wirkt. Schon die Anordnung des Griechen auf dieser Vase zeigt, dass der Perser eher als Objekt denn als Subjekt dieses Kampfes gesehen wird.
Dem Künstler des attisch-rotfigurigen Gefäßes (um 475 v. Chr.) – natürlich ein Grieche! – ging es um die Verherrlichung des Landsmannes, die Darstellung hat also Propagandacharakter.

Aufgabe 3
Piräus war für Athen der Haupthafen und damit der am meisten frequentierte Warenumschlagplatz; die Anbindung Athens an den westlichen wie an den östlichen Mittelmeerraum erfolgte über Piräus.
Im Verlauf der Perserkriege bekam der Hafen eine ganz besondere Bedeutung: Zwischen die „Langen Mauern" flüchteten sich viele Bewohner Attikas, über Piräus gelang im Jahr 480 v. Chr. besonders Frauen, Kindern und Alten die Flucht nach Salamis und auf die Peloponnes.
Mit dem Bau der „Langen Mauern" verfolgten die Athener unter Leitung des Themistokles mehrere Ziele: Zum einen sollte der Hafen, der Athen mit wichtigen Gütern versorgte, nicht von der Stadt abgeschnitten werden, zum anderen dienten die Mauern als Ausweitung der Stadtmauer und boten somit der Landbevölkerung Attikas Schutz. Auf Kritik stieß der Mauerbau allerdings bei den adeligen Großgrundbesitzern, deren Ländereien ungeschützt blieben.

Aufgabe 4
Die athenischen Kriegsschiffe hießen Trieren; sie waren aus Holz und mussten von Ruderern vorwärts bewegt werden (170 Ruderer, die sich in drei übereinander angeordneten Sitzreihen befanden).
Am Bug jeder Triere war ein Rammsporn (Holz, mit bronzenen Zacken beschlagen) angebracht, mit dem die Flanke des gegnerischen Schiffes getroffen werden sollte, so dass dessen Planken barsten und das Schiff versank.

Aufgabe 5
Die Flottenpolitik des Themistokles war zum einen kriegsentscheidend: Die Skizze M 9 zeigt die Verhältnisse bei der Schlacht von Salamis, bei der die Perser

am 28.9.480 v. Chr. trotz ihrer nummerischen Überlegenheit besiegt werden konnten; die Griechen waren jedoch mit den Örtlichkeiten besser vertraut, so dass sie die Wendigkeit ihrer Schiffe ausspielen und einen griechischen Sieg erringen konnten.
Plutarch spielt in M 7 auf die innen- und verfassungspolitische Bedeutung des griechischen Sieges an: die Aufwertung der unteren Bevölkerungsschichten durch den Einsatz der Theten als Ruderer, die letztlich zur vollständigen Durchsetzung demokratischer Verhältnisse in Athen führte.
M 12 zeigt, dass Athen den Sieg über die Perser propagandistisch und machtpolitisch dazu nützen konnte, seine Vormachtstellung unter den griechischen Poleis zu festigen und auszubauen, wie es die umfassenden Wirtschaftsbeziehungen verdeutlichen.

Aufgabe 7
Indem Athen durch seinen Sieg in den Perserkriegen und die finanziellen Möglichkeiten, die sich aus der Verwaltung der Kasse des Delisch-Attischen Seebunds ergaben, führende Handelsmacht im Mittelmeerraum wurde, fand auch die athenische Währung große Verbreitung.
Der Export von Olivenöl schuf die Grundlage für den Reichtum Athens. Diesem Sachverhalt gedachte man, indem man den Olivenzweig auf den attischen Münzen abbildete.

Sachanalyse A 10

Die neuere historische Forschung ist sich im Wesentlichen darin einig, dass die Perserkriege zwar für das Freiheits- und Zusammengehörigkeitsgefühl der Griechen von erheblicher Bedeutung waren, dass sie aber für die Perser allenfalls eine kurzfristige Störung an der westlichen Reichsgrenze darstellten. Die alleinige Dokumentation des Krieges durch die Griechen (Herodot, Thukydides) und das völlige Fehlen von Zeugnissen aus persischer Sicht tragen diese Ansicht entscheidend mit. Fraglich ist jedoch, ob die innere Entwicklung Athens in Bezug auf die Demokratie anders verlaufen wäre (und wie?), hätten die Perser die Schlachten von 480/479 v. Chr. für sich entscheiden können. Die Vollendung der Demokratie fällt also nicht nur mit der Zeit nach den Perserkriegen und der Person des Perikles zusammen, sie ist wohl auch ursächlich ihr Produkt.

Wenn auch die von Solon vorgenommene Klasseneinteilung der attischen Bevölkerung bestehen blieb, so gab nun doch die Masse der Bürger bei politischen Entscheidungen den Ausschlag (wir haben um 450 v. Chr. mit etwa 300 Athenern zu rechnen, die der 1. Klasse angehören, mit ca. 900 in der 2. Klasse, mit 8000 in der 3. und mit 20 000 bis 30 000 in der vierten Klasse), zählte doch in der Volksversammlung jede Stimme gleich!

Die wichtigsten Institutionen der Demokratie waren die Volksversammlung, der Rat der 500 und das Volksgericht (die Heliaia).
Die Volksversammlung wählte aus den eigenen Reihen den Rat der 500, der die eigentliche Regierung Athens innehatte. Die bisherigen Führer, die Archonten, ließ man zwar – wie auch den Areopag – weiterhin zusammentreten, doch man entzog ihnen wichtige politische Aufgaben, die nun an den Rat der 500 übergingen. Der Areopag war seit Perikles nur mehr das oberste Gericht Athens und für die Blutgerichtsbarkeit zuständig. Diese Umstrukturierung schwächte die Stellung der beiden obersten Klassen ganz erheblich.
Damit bei den Wahlen niemand bevorzugt wurde und um vorherige Absprachen unmöglich zu machen, beschlossen die Athener, die Ratsherren, Beamte und Richter durch das Los zu bestimmen. Eine weitere Neuordnung war die Einführung von Diäten, die alle, die ein öffentliches Amt übernahmen, für ihren Verdienstausfall entschädigen sollten. So konnten auch ärmere Athener, die nicht durch ein ererbtes Vermögen oder durch Großgrundbesitz finanziell abgesichert waren, an der Regierung der Polis mitwirken.

Dennoch trägt die attische Demokratie aus unserer Sicht elitären Charakter: Wahlberechtigt waren nur attische Vollbürger: Frauen und Kinder, Sklaven und Metöken waren von der politischen Teilnahme ausgeschlossen, so dass man von einer Zahl von etwa 13% wahlberechtigter Bürger ausgehen kann.

Methoden A 10

Berücksichtigend, dass die Schülerinnen und Schüler auf der Sekundarstufe I Geschichte mit „Geschehen" und Erzählung, Spannung und handlungsorientiertem Unterricht verbinden, führt dieses Arbeitsblatt zügig durch die u. U. recht abstrakte Problematik der Staatsverfassung des klassischen Athen. Die einzelnen Materialien reduzieren aufgrund ihrer Auswahl den Lernstoff auf ein Minimum, nichtsdestotrotz kann auch A 10 arbeitsteilig eingesetzt werden; dabei sollte jedoch auf eine gründliche Auswertung der Gruppen- oder Partnerarbeiten im Plenum geachtet werden.

Der Einstieg in die Thematik erfolgt beinahe spielerisch, indem die Schüler selbst einen Rundgang durch das alte Athen planen und dabei dem (fiktiven) Besucher die wichtigsten Stätten der Demokratie zeigen und ihre Funktion im Gemeinwesen erläutern sollen.
Dann wird der Blick der Schüler auf ihre eigene, meist noch wenig reflektierte Umgebung gelenkt und die attische Demokratie mit der Gegenwart verglichen.

Am Ende sollen die Schüler dann das bisher Erarbeitete zusammentragen und wenn es um die Definition von Demokratie geht oder um die Frage, warum eine Demokratie so wertvoll ist, auf einer theoretischeren Ebene abstrahieren.

Lösungen A 10

Aufgabe 2
Die statistischen Angaben beruhen im Wesentlichen auf Schätzungen, doch können wir für die klassische Zeit (vor der Pestepidemie) von einer Gesamtbevölkerung von 315 000 Menschen ausgehen, wovon nur etwa 13% männliche Vollbürger und damit wahlberechtigt waren.
Im wieder vereinigten Deutschland der frühen 90er Jahre beträgt die Gesamtbevölkerung etwas über 80 Millionen; etwa 53 Millionen, das entspricht knapp 65%, sind wahlberechtigt.
Gründe: Frauenwahlrecht, Fehlen von Sklaven und geringe Anzahl von Ausländern (im Vergleich zu den Metöken).

Aufgabe 3
Vorteile der direkten Demokratie: unmittelbare Beteiligung der Betroffenen an Entscheidungsprozessen, Möglichkeit der politischen Mitgestaltung, Vermeidung von Politikverdrossenheit.
Nachteile: Häufigkeit der Abstimmungen kann ermüdend wirken, Undurchführbarkeit in einem Gemeinwesen von der Größe der Bundesrepublik (bzw. zu lange Anreise), mangelnder Sachverstand der Bevölkerung besonders bei sie nicht unmittelbar betreffenden Fragen.

Aufgabe 4
Kennzeichen der Demokratie nach Perikles:
- Mehrheit des Volkes entscheidet in politischen Fragen,
- gleiches Recht für alle,
- persönliches Ansehen aufgrund des Leistungsprinzips (nicht wegen der Herkunft),
- Möglichkeit der politischen Betätigung für alle Bevölkerungsschichten.

Grundelemente der modernen Demokratien sind:
- Volkssouveränität,
- Freiheit und Gleichheit,
- Rechtsstaatlichkeit,
- Gewaltenteilung,

bis auf Letzteres also alles Prinzipien, die im antiken Athen auch schon galten. Gewaltenteilung ist deshalb in Athen undenkbar, weil die Volksversammlung als Versammlung aller Bürger, die sich gegen keinen Herrscher abgrenzen musste, für alle öffentlichen Angelegenheiten in letzter Instanz zuständig war.

Aufgabe 5
Diese Ansicht ist eine elitäre, letztlich aus der Sicht der ehemals herrschenden Schichten formuliert, die nun eine Beeinträchtigung ihrer alleinigen Machtausübung hinnehmen müssen.
Mögliche Gegenargumente:
- Die einfachen Leute haben es nicht besser, sie haben lediglich die gleichen Rechte wie die Reichen.
- Die unteren Schichten haben ebenfalls die Pflicht, Kriegsdienst zu leisten.
- Die soziale Stellung eines Menschen sagt nichts über dessen Wert als Persönlichkeit aus (Gleichheitsgrundsatz!). Im Anschluss an diese Frage ist eine Diskussion über die Demokratie im Allgemeinen denkbar (Stimmrecht für Kinder oder – stellvertretend – für die Eltern).

Aufgabe 6
Perikles geht sehr gezielt dabei vor, die unteren Bevölkerungsschichten an sich zu binden (Einführung des Obolos und die Richterbesoldung), ohne selbst allzu häufig in Erscheinung zu treten. Diese Lenkung der Massen spricht nicht für ein ausgeprägtes demokratisches Bewusstsein in unserem Sinne. Jedoch führten die politischen Neuerungen des Perikles dazu, dass eine sehr breite Bevölkerungsgruppe an öffentlichen Entscheidungen teilnehmen konnte.

Sachanalyse A 11

Das Bild der Frauen erfuhr in den letzten Jahren einschneidende Korrekturen: Lange ging man davon aus, dass die Frauen im alten Griechenland ihr Dasein in häuslicher Isolation geführt hätten – ähnlich wie wir es aus altorientalischen Gesellschaften kennen. Sie hätten ihre Häuser nur höchst selten verlassen dürfen, selbst den Besorgungsgang zum Markt hätten die Männer erledigt – so dachte man weiter.
Neuere Arbeiten (v. a. W. Schuller: Frauen in der griechischen Geschichte, Konstanz 1985) haben aber doch zu mehr Differenzierung beigetragen. So wissen wir heute, dass man nicht Aussagen über die griechische Frau schlechthin machen darf, dass es vielmehr erhebliche soziale und regionale Unterschiede gibt. Die ersteren werden diesem Arbeitsblatt zugrundegelegt, die regionalen Besonderheiten können in diesem Rahmen nicht thematisiert werden; das Arbeitsblatt beschränkt sich auf die Stellung der attischen Frauen.

Auffallend ist, dass die in politischen Angelegenheiten sonst so fortschrittliche Polis Athen Frauen an diesem Fortschritt nicht teilhaben lässt: Frauen waren an politischen Entscheidungen nicht beteiligt, sie hatten kei-

nen Zutritt zur Volksversammlung, durften nicht am Ostrakismos teilnehmen, stellten weder Richter noch Geschworene. Frauen durften vor Gericht nicht einmal einen Prozess anstrengen – lediglich als Zeuginnen aufzutreten war ihnen erlaubt. Eine rechtliche Gleichstellung zwischen Mann und Frau gab es nicht; Frauen blieben im Allgemeinen zeitlebens von einem Mann abhängig: ursprünglich dem Vater, nach der Verheiratung dem Ehemann, wenn dieser vorzeitig starb dem ältesten Bruder, dem die Witwe unterstellt wurde.
Das bisher Gesagte galt für alle Frauen – egal welcher sozialen Schicht sie entstammten.
Schichtspezifische Unterschiede sind bei der Wahl des Ehegatten festzustellen: Frauen aus den unteren Klassen lernten ihre Männer im täglichen Leben kennen: auf der Straße, auf dem Markt, beim Wasser holen am Brunnen usw. Sie trafen ihre Entscheidung weitgehend selbständig, zumindest wenn der Zukünftige den Erwartungen der Brautfamilie einigermaßen entsprach und gewährleistet war, dass er wirtschaftlich in der Lage sein würde, eine Familie zu unterhalten. Anders bei den Vornehmen; in den obersten sozialen Schichten kannten sich die zukünftigen Eheleute vor ihrer Verheiratung häufig nicht, manchmal nur ganz oberflächlich. Braut und Bräutigam wurden von den jeweiligen Familien bzw. deren Oberhäuptern, den Kyrioi, ausgewählt und füreinander bestimmt. Liebe spielte für die Heirat keine Rolle, es ging darum, einen lebensfähigen Familienverband, den Oikos, zu begründen, in dem auch entferntere Verwandte und Sklaven ihr wirtschaftlich gesichertes Auskommen fanden.

Wenn hier von „Frauen" die Rede ist, so sind damit verheiratete Frauen, Ehefrauen, gemeint, die in der Regel eigene Kinder hatten; die hier beschriebenen Verhältnisse gelten für sie, nicht für die weiblichen Sklaven und nicht für die recht unabhängig – heute würde man sagen: emanzipiert – lebenden Hetären.
Frauen waren vor allem für den Haushalt zuständig. In der Oberschicht hieß dies, die zahlreichen, jeweils für ein bestimmtes Aufgabengebiet zuständigen Sklaven zu beaufsichtigen. Die einfachen Frauen mussten die Hausarbeit selbst machen: kochen und backen, Wasser holen, Obst pflücken, putzen und waschen. Lediglich beim Einkaufen scheinen sie von ihren Männern, die sowieso häufig außer Haus waren, unterstützt worden zu sein. Doch selbst Kleidung wurde in Heimarbeit angefertigt, was so verschiedene Tätigkeiten wie spinnen, weben, färben und nähen umfasst. Auch die jüngeren Kinder wurden zu Hause erzogen, während die Jungen dann aber ab dem Alter von sieben Jahren von einem Lehrer unterrichtet wurden, blieben die Mädchen im Haus, um sich auf ihr Erwachsenendasein als Hausfrau vorzubereiten (vgl. A 12).

Methoden A 11

Ganz bewusst wurde bei diesem Arbeitsblatt die Analyse von Quellentexten zurückgestellt: das Thema hat maßgeblich mit dem täglichen Leben in Athen zu tun, deshalb ist es auch geeignet, die Lebenswirklichkeit der Schüler anzusprechen. Dies gelingt erfahrungsgemäß mit so anschaulichem Material, wie es die hier gewählten Abbildungen nun einmal sind, besser. Zudem gibt es eine Menge Darstellungen, vor allem Vasenbilder, die hier als Quellenmaterial herangezogen werden können, was auch den im Geschichtsunterricht so wichtigen Methodenwechsel leicht macht.
Die Schüler sollen durch den Vergleich von Abbildungen die unterschiedlichen Lebensverhältnisse in den verschiedenen sozialen Schichten erkennen und benennen. Die beiden Quellentexte können zur Vertiefung des Gelernten beitragen, vor allem der Xenophon-Text zeigt die im antiken Athen allgemein gültige Rollenverteilung.

Lösungen A 11

Aufgabe 1
M 1 zeigt Frauen, die in einem öffentlichen Brunnenhaus Wasser holen und in Krügen auf dem Kopf nach Hause tragen, wie es damals üblich war. Das Wasserholen war damals nötig, da nur die wenigsten Häuser Zisternen hatten und in diesen auch nur das Straßenwasser (das dann zum Waschen verwendet wurde), aber nicht das Regenwasser (das zum Kochen und Trinken gebraucht wurde) aufgefangen werden konnte. Es war außerdem eine Gelegenheit, ähnlich wie der Einkauf am Markt, miteinander zu plaudern und aktuelle Neuigkeiten auszutauschen. Ob es sich hier nun um einfache Bürgersfrauen oder um Sklavinnen handelt, ist nicht ersichtlich, beides ist möglich.
Spinnen und Weben (M 2) waren typische Tätigkeiten, die beinahe alle Frauen beherrschten: Bürgersgattinnen ebenso wie Sklavinnen mussten die Kleidungsstücke in den Familien für den eigenen Bedarf selbst hergestellen.
M 3 zeigt eine Amme, eine ebenfalls häufige Erscheinung im klassischen Athen. Die Ammen stammten meist aus einfachen Familien und verdienten bei einer vornehmen Familie, also aushäusig und damit in der Öffentlichkeit wenig angesehen, ein Zubrot zum Lebensunterhalt.
In M 5 ist eine Mutter zu sehen, die ihr Kleinkind beaufsichtigt, das auf einem Töpfchen sitzt – eine Szene, die recht modern anmutet. Die Schüler sehen auch hier eine attische Hausfrau bei einer für sie typischen Tätigkeit, der Kindererziehung.

Aufgabe 2
M7 ist ein Vasenbild aus Athen (5. Jh.). Es zeigt eine vornehme Frau mit ihrer Dienerin (wohl eine Sklavin), die man an der kleineren Gestalt erkennt.
M8 zeigt eine gebildete Frau beim Lesen. Sie gehört wohl der Oberschicht an, denn das Lesen-, Schreiben- und Rechnenlernen war zwar für junge Männer selbstverständlich, nicht aber für Mädchen, die auf ihre zukünftige Hausfrauenrolle vorbereitet wurden.
In M9 sieht man Frauen der gehobenen Gesellschaftsschicht bei einem typischen Freitzeitvergnügen: dem Tanzen – Beschäftigungen, zu denen den Bauers- oder Handwerkerfrauen sowohl die Zeit als auch die Vorbildung fehlte.

Aufgabe 3
Frauen der Oberschicht führten zwar auch die Oberaufsicht über das Hauswesen, griffen selbst jedoch kaum ein.
Anders in der städtischen Mittel- oder Unterschicht und bei der ländlichen Bevölkerung: Hier mussten auch die Frauen bei der Haus- und Feldarbeit kräftig mit anpacken, u. U. bekamen sie Hilfe von Haussklaven oder den älteren Töchtern.

Aufgabe 4
Lysias ist seiner Frau gegenüber sehr autoritär: er überwacht sie bei ihrem Tun und zeigt sich im Umgang mit ihr sehr distanziert. Sein Verhalten ändert sich erst, als seine Frau ein Kind von ihm hat, das er als einigendes Band empfindet. Lysias schätzt an seiner Frau, dass sie im Haushalt geschickt, sparsam und pünktlich ist; er bezeichnet sie nun als „die beste Frau von der Welt".

Dieser Text gibt den Schülern die Möglichkeit, über Frauenrollen damals und heute zu sprechen und eigene Vorstellungen zu diskutieren und zu hinterfragen.

Aufgabe 5
Xenophon vertritt die im alten Athen zumeist anzutreffende Meinung, der Mann habe die außerhäusischen Tätigkeiten zu verrichten, während die Frau für das Hauswesen zuständig sei. Diese Einschätzung basiert auf den Notwendigkeiten der damaligen Zeit, berücksichtigt jedoch nicht, dass Familien aus den Unterschichten nicht von der alleinigen Berufstätigkeit des Mannes leben konnten. Auch für die Bauern und Fischer Attikas war es undenkbar, dass ihnen ihre Frauen nicht bei ihrem Tagwerk helfen sollten.

Sachanalyse A 12

Die Kindheit im alten Athen unterschied sich – wenn wir den spärlichen Quellen Glauben schenken dürfen – kaum von der heutigen. Zugegeben: Computerspiele und CD-Player gab es damals noch nicht, gleichwohl finden wir in der Antike Spielgeräte, die auch heute noch (oder schon wieder) modern sind. Es gab Tretroller und Jojos, Reifen und Schaukeln, Puppen und Murmeln. Auch zeigen Vasenbilder raufende Jungs, junge Männer, die sich auf sportliche Wettkämpfe vorbereiten und Mädchen, die Singen oder Tanzen üben. Rollenspezifisches Verhalten wird offensichtlich von jeher schon im Kindesalter eingeübt.

Die Geburt der Kinder fand zu Hause statt, Hebammen halfen dabei. Über die Aufnahme der Neugeborenen in die Familie (oder ihre Aussetzung) hatten jedoch die Väter zu entscheiden: War das Kind gesund, wurde es in der Regel angenommen, d. h. der Vater trug es innerhalb der ersten zwei Wochen nach der Geburt in einem symbolischen Akt, dem die Familienmitglieder und die Geburtshelferin beiwohnten, einmal um den häuslichen Herd, galt doch das Herdfeuer als religiöser Mittelpunkt jedes Hauses. Mit dieser Handlung gehörte das Neugeborene zur Familie, in der es nun aufgezogen wurde.

Kindeserziehung – besonders in den ersten Lebensjahren – war primär die Angelegenheit der Mutter; sie hielt sich meist im Haus oder auf den zum Anwesen gehörenden Feldern auf. Die kleinen Mädchen und Jungen lernten bis zum 6. oder 7. Lebensjahr im Spiel oder durch Nachahmung die Dinge des täglichen Lebens kennen sowie gängige Verhaltensmuster zu übernehmen, wobei eine sehr spezielle Geschlechterdifferenzierung schon hier beginnt: Wurden die Mädchen zum Spiel mit Puppen angehalten, sollten sich die Jungen in ersten Zweikämpfen üben. Auch wurden die Mädchen als zukünftige Hausfrauen mit allem vertraut gemacht, was später zu ihren selbstverständlichen Aufgaben gehören sollte: Sie halfen beim Flachsspinnen ebenso wie beim Färben der Stoffe, aus denen die neuen Kleider genäht werden sollten; sie begleiteten die Mütter zum Markt und zum Wasser holen und halfen wohl auch beim Kochen kräftig mit.
Anders die Jungen: In ihrer Freizeit tollten sie unbefangen in den engen Gassen Athens und lernten diese dabei spielerisch kennen. Von ihren Vätern wurden sie ins öffentliche Leben der Polis eingeführt: Sie zeigten ihnen die Pnyx und das Bouleutherion, den Areopag und das Dionysostheater. Schließlich sollten sich die Jungen zu Bürgern entwickeln, die sich mit Interesse um das Gemeinwohl kümmern. Dies galt natürlich nur für die Söhne von Vollbürgern; Metöken und Sklaven waren ja von der politischen Mitsprache ausgeschlossen.

A 12

Die Anthesterien sind eine attische Besonderheit: Dieses Fest, bei dem drei Tage lang die Kinder im Mittelpunkt standen, gab es nur in Athen. Es wurde zu Ehren des Dionysos gefeiert, und dabei probierte man zum ersten Mal aus selbst mitgebrachten Weinkrügen, den Chous, den jungen Wein. Für die Kinder, die man anlässlich dieses Festes mit Spielzeug und Kuchen, aber auch mit Choenkannen (im Kleinformat natürlich!) beschenkte, erbat man Wachstumskräfte.

Mit sechs oder sieben Jahren begann die Schulzeit – allerdings nur für die Jungen. Die Mädchen blieben in der Obhut der Frauen im Haus. Die Söhne besuchten – begleitet von einem paidagogos, meist ein Sklave – eine der zahlreichen kleinen privaten Schulen. Dort wurde nur eine geringe Gebühr erhoben, so dass der Schulbesuch für Kinder aus allen Gesellschaftsschichten erschwinglich war. Die Jungen lernten, was sie später als Handwerker oder Kaufmann brauchen würden: nämlich Grundzüge des Lesens, Schreibens und Rechnens. In den weiterführenden Schulen, die sich allerdings nur wohlhabende Familien für ihre Söhne leisten konnten, war die Ausbildung fundierter: Hier standen auch Rhetorik, Musik, Literatur und Sport auf dem Stundenplan.

Die Mädchen heirateten mit ca. 15 Jahren. Entstammten sie einer angesehenen Familie, hatten sie keine Möglichkeit, die Wahl ihres Ehemanns zu beeinflussen; er wurde vom Vater nach übergeordneten Gesichtspunkten (Ansehen der Familie, wirtschaftliche Beziehungen usw.) ausgewählt, Liebe konnte sich erst in der Ehe einstellen, da die Braut den Zukünftigen oftmals vor der Eheschließung gar nicht zu Gesicht bekommen hatte. Die Ehe wurde durch einen Vertrag besiegelt, in dem auch die Mitgift verzeichnet war. Diese sollte der Frau eine sorgenfreie Existenz ermöglichen in dem Fall, dass ihr Gatte früh verstarb oder die Ehe geschieden wurde (was sehr leicht möglich war, wenn der Mann – nicht die Frau! – dies wollte).
Die Mädchen aus den unteren Bevölkerungsschichten unterlagen diesen Zwängen meist nicht: sie suchten ihre Ehemänner selber aus, hatten sie doch häufiger die Möglichkeit, das Haus zu verlassen und Männer kennen zu lernen.

Die jungen Männer wurden mit 18 Jahren volljährig; die väterliche Gewalt über sie endete nun, die zweijährige militärische Grundausbildung begann. Häufig blieben die erwachsenen Männer bis zu ihrer Eheschließung – meist um das 30. Lebensjahr – im Elternhaus leben und gehörten weiterhin dem Oikos des Vaters an.

Methoden A 12

Das Arbeitsblatt ist in drei Abschnitte gegliedert: Im ersten Teil geht es um Kinderspiel und Kindererziehung (M 1 – M 6 / M 8), im zweiten Teil (M 7) um professionelle, schulische Erziehung und Bildung und im dritten Teil um einen Vergleich mit Jugend und Erziehung in Sparta (M 9). Es ist sicher sinnvoll, bei der Analyse der Materialien chronologisch vorzugehen, doch können auch Einzelaspekte problemlos isoliert behandelt werden. So können die Abbildungen M 4 und M 5 gut im Zusammenhang mit A 11 (Alltag der Frauen) besprochen werden, etwa wenn das Rollenverständnis und seine Überlieferung von einer Generation zur nächsten thematisiert wird. Auch bietet sich der Bezug zum Arbeitsblatt 14 (Bildung und Wissenschaft im klassischen Athen) an.

Lösungen A 12

Aufgabe 2
Die Erzählungen, die Sokrates für Kinder für geeignet hält, sollen Vorbildfunktion haben: er geht davon aus, dass sie für die Jungen und Mädchen nachahmenswert sind, deshalb liegt ihm viel an ihrer moralischen Unbedenklichkeit.
Eine Diskussion über moderne Lesestoffe oder über Fernseh- und Kinofilme und ihren Einfluss auf Jugendliche bietet sich an.

Aufgabe 3
Diese Vasenbildern werden den Schülern recht modern vorkommen; sie werden keine Probleme haben, Schaukel, Bälle (hier allerdings: Nüsse) und Reifen zu erkennen und auf die Überzeitlichkeit von einfachem Spielgerät und sportlichen Aktivitäten zu sprechen zu kommen.

Aufgabe 4
Kritik kann sich entzünden an der negativen Einschätzung der Jungen bzw. der schablonenartigen Einteilung von Mädchen und Jungen einerseits, Freien und Sklaven andererseits.

Aufgabe 5
In beiden Poleis sollten die Kinder zu guten Bürgern – natürlich in jeweils verschiedener Ausprägung – erzogen werden: Während in Athen die Mädchen lernen sollten, die Hausarbeit zu verrichten bzw. das Hauswesen zu betreuen und den Jungen die nötigsten Lese-, Schreib- und Rechenfähigkeiten beigebracht und sie für das Gemeinwesen interessiert wurden, sollten die Kinder in Sparta vor allem ihre Körper trainieren, das Leben im Krieg und militärische Disziplin einüben.

Sachanalyse A 13

Im klassischen Athen spielten mehrere Bevölkerungsgruppen eine wichtige Rolle: Vollbürger und ihre Familien, also Frauen und Kinder, Fremde, die sich dauerhaft in Athen aufhielten und die Metöken genannt werden (sowie deren Familien), sowie zahlreiche Sklaven. Wurden Frauen und Kinder in eigenen Arbeitsblättern behandelt und die Rolle der männlichen Vollbürger besonders gewürdigt, als es um die Demokratie und ihre Entwicklung ging, soll in diesem Arbeitsblatt vor allem die soziale und rechtliche Stellung von Metöken und Sklaven beleuchtet werden.
Die Metöken, die Mitbewohner der attischen Polis (in Sparta wurden sie Perioken genannt), waren persönlich frei, besaßen aber nicht das athenische Bürgerrecht. Sie konnten am politischen Prozess nicht teilnehmen, obwohl sie zum Militärdienst verpflichtet waren. Grund und Boden durften sie in der Regel nicht erwerben, eine Existenz als Bauer stand ihnen also nicht offen; Metöken waren deshalb vorwiegend in Handel und Gewerbe tätig.
Die Sklaven waren unfrei, politische Mitsprache war ihnen selbstverständlich verwehrt; auch zum Militärdienst wurden sie nicht herangezogen. Die Lebensbedingungen von Sklaven waren jedoch von Fall zu Fall ganz unterschiedlich: Sklaven, die in den Bergwerken (etwa in Laureion) eingesetzt wurden, hatten es viel schwerer als Haussklaven, die oft recht gebildet und als Lehrer tätig, also vergleichsweise privilegiert waren. Auch in Handwerksbetrieben und in der Landwirtschaft beschäftigte man Sklaven. Überhaupt darf die Bedeutung der Sklaverei für die griechische Volkswirtschaft, aber auch für die Entwicklung der Demokratie nicht unterschätzt werden. Die Zahlen sprechen für sich: Auf 40 000 Vollbürger kamen in der klassischen Zeit etwa 110 000 Sklaven (und ca. 35 000 Metöken), die meist aus dem nichtgriechischen Ausland stammten. Dabei sahen die Athener die Sklaven niemals als wirtschaftliche Konkurrenten, wir müssen vielmehr mit M. I. Finley, Die antike Wirtschaft, München 1977, S. 73 f. davon ausgehen, dass „Sklaven als Arbeitskräfte von außen herangebracht [wurden], wenn die vorhandenen inländischen Arbeitskräfte nicht mehr ausreichten". Das System der Sklaverei scheint aber im antiken Griechenland stabil gewesen zu sein: Von Freilassungen ist selten die Rede, Aufstände von Sklaven gab es nicht.

Methoden A 13

In diesem Arbeitsblatt wird die soziale und berufliche Situation der Menschen in den Mittelpunkt gerückt, die nicht zur gesellschaftlichen Oberschicht Athens gehören, die üblicherweise kaum Beachtung finden, da sie keine Vollbürger sind: Metöken und Sklaven. Doch gerade im Vergleich mit den Vollbürgern kann ihre Lebenswirklichkeit gut erschlossen werden.

Lösungen A 13

Aufgabe 2
Sklaven wurden als „beseelter Besitz" (Aristoteles) betrachtet und dementsprechend ausgewählt und behandelt: Sie sollten jung, gesund und leistungsfähig sein.

Aufgabe 4
Die Quellen zeigen, dass die Lebensbedingungen von Sklaven nicht pauschal benannt werden dürfen; vielmehr waren sie abhängig vom Arbeitseinsatz sowie von der Persönlichkeit des Herren.

Lösung M 8

	Vollbürger	Metöken	Sklaven
Bauer	X		
Geschworener	X		
Pädagoge			X
Sitz im Rat der 500	X		
Diener			X
Händler	X	X	
Teilnahme am Ostrakismos	X		
Schreiner	X	X	
Fischer	X		
Mitglied der Volksversammlung	X		
Töpfer	X	X	
Bergwerksarbeiter			X

Sachanalyse A 14

So wie sich die traditionellen Bindungen der Menschen im klassischen Griechenland immer mehr auflösten, kamen der allgemeinen Bildung, den Wissenschaften und den philosophischen Erklärungsversuchen der Welt steigende Bedeutung zu. Die sich entwickelnde Schrift versetzte die Lehrer und Denker in die Lage, ihre Gedanken für ein größeres Publikum und auch für spätere Generationen zu artikulieren.
Neben der gemeinsamen Geschichte, der Götterverehrung und den panhellenischen Festen (z. B. Olympi-

sche, Isthmische und Nemeische Spiele) galt den Griechen auch die gemeinsame Sprache und die Schrift als einigendes Band, das sie von den Nicht-Griechen, den „Stammlern" oder Barbaren abgrenzte. Die Schrift hatten die Hellenen von den Phöniziern, die als Händler- und Seefahrervolk im ganzen Mittelmeerraum herumkamen, übernommen und modifiziert; so fügten sie für die Vokale a, e, i, o und u neue Buchstaben hinzu und wandelten damit die phönikischen Konsonantenschrift in eine reine Buchstabenschrift um.

Der schulische Alltag begann für Kinder im klassischen Athen mit etwa sechs Jahren – allerdings nur für die Jungen, die Mädchen wurden zu Hause in den alltäglichen Dingen unterrichtet. Doch auch der Schulunterricht war nicht akademisch-abstrakt; ganz im Gegenteil: Im Mittelpunkt der Erziehung stand (ganz so wie auch in Sparta) der Sport. Die Knaben sollten tüchtige Kämpfer werden, keine Gefahr oder Anstrengung scheuen – aber dabei auch den Intellekt ausbilden. Sie mussten lesen, schreiben und weite Teile aus den homerischen Epen auswendig lernen; Homer gilt heute als Erzieher der griechischen Jugend in der Antike, und wirklich dienten seine Werke dazu, den Charakter der Heranwachsenden zu bilden und ihr Wertebewusstsein in die gewünschte Richtung zu lenken. Eine wichtige Rolle spielte auch die musische Bildung: Deshalb mussten die Schüler auch das Spiel auf der Leier und Flöte erlernen.

Der Unterricht der Jungen fand außer Haus statt. Der Pädagoge, ein Haussklave, begleitete den Schüler zur Schule oder ins Gymnasium, also zur Sportstätte, wartete dort, bis der Unterricht und die Übungen zu Ende waren und brachte seinen Schützling dann wieder sicher nach Hause. Zwar war er ein Sklave und musste z. B. das Schulzeug oder die benötigten Musikinstrumente tragen, auch hatte er für die Sicherheit des Jungen Sorge zu tragen und durfte diesen auch mit dem Rohrstock an seine Pflichten erinnern; unproblematisch war seine Stellung jedoch nicht: Wähnte sich doch mancher Junge schon als Herr und wollte die Bevormundung durch einen Sklaven nicht dulden.

Die Suche nach Wahrheit prägte das Denken und die Lehre der Philosophen, die sich nicht mehr, wie in der griechischen Frühzeit, als Naturphilosophen verstanden; die rationalistisch argumentierenden Sophisten setzten sich der Kritik der Gottlosigkeit aus, da sie sich am Menschen orientierten, den sie als „Maß aller Dinge" (Protagoras) beschrieben. Der von ihnen gelehrte Utilitarismus zog vor allem eine Blüte der Rhetorik nach sich, mit deren Hilfe jeder einzelne seinen persönlichen Vorteil erreichen sollte. Sokrates, der Gegenspieler der Sophisten, orientierte sich nicht am Nutzen, sondern an der Wahrheit, die seine Philosophie hervorbringen sollte. Da er sich als unbequemer Frager den Unmut, ja Hass vieler zugezogen hatte, klagte man ihn schließlich unter einem Vorwand der Gottlosigkeit an, warf ihm vor, die Jugend falsch beeinflusst zu haben und verurteilte ihn zum Tode.

Die Suche nach der Wahrheit jenseits der durch die Götter geprägten Vorstellungswelt wirkte sich auch auf wissenschaftlichem Gebiet aus; Mathematiker suchten allgemein gültige Naturgesetze zu formulieren, als Beispiel hierfür ist Pythagoras genannt (Thales kann als Vorläufer Beachtung finden), auch Hippokrates ging von der Natur des Menschen aus, wenn er eine Diagnose stellte. Er analysierte dabei das Spannungsverhältnis von Mensch, Umwelt und Krankheitssymptomen, um die Menschen nach Typen klassifizieren und heilen zu können.

Methoden A 14

Dieses Arbeitsblatt ist so angelegt, dass es arbeitsteilig behandelt werden kann. Die Gruppenergebnisse sollten dann aber im Plenum vorgetragen und ausgewertet werden, eine strukturierende Zusammenfassung ist in der Form des vorgeschlagenen Tafelbildes möglich. Auch eine Auswahl, d. h. Beschränkung auf ein oder zwei Themenbereiche, durch den Lehrer ist denkbar.

Lösungen A 14

Aufgabe 1

Auf dieser rotfigurigen attischen Schale, die um 480 v. Chr. angefertigt wurde, ist links ein Junge zu erkennen, der das Leierspiel erlernt, in der Mitte steht ein anderer, der auswendig gelernte Verse aus den Werken Homers vorträgt. Rechts davon ist ein paidogogos (mit Stab) zu sehen. Es handelt sich hier um eine realistische Darstellung, da griechische Knaben ein Musikinstrument beherrschen und Homerverse rezitieren können mussten. Daneben spielten Lesen und Schreiben, aber auch Fechten und Bogen schießen im Unterricht eine wichtige Rolle.

Aufgabe 3

Da schon in Athen Abtreibungen vorgenommen werden konnten, andererseits auch Mittel bekannt waren, die zum Tod führten, lag es im Interesse der Patienten (die sich geschützt fühlten), wie auch der Ärzte (die das eigene Prestige festigen wollten), dass sich diese an bestimmte allgemeingültige Regeln, formuliert als hippokratischer Eid, hielten.

Aufgabe 4

Diese Aufgabe gibt den Schülern die Möglichkeit, über die Aussagen des Sokrates, aber auch über Philosophie im Allgemeinen zu sprechen.

Aufgabe 7
1 = Athlet
2 = Barbar, Nichtgrieche, Ausländer
3 = Demokratie
4 = Polis, Stadt, Staat
5 = Politik
6 = Philosophie

Sachanalyse A 15

Fremde, die zum ersten Mal mit dem Schiff oder auf dem Landweg nach Athen kamen, waren beeindruckt von der Akropolis, die man schon von weitem über Attika leuchten sah. Nach dem Ende der Perserkriege lag Perikles, dem führenden Staatsmann in Athen, viel daran, die im Jahr 480 v. Chr. von den Persern zerstörte Akropolis (den Parthenontempel, die Propyläen und das Erechteion) wieder aufbauen zu lassen. Seine Motive mögen unterschiedlicher Art gewesen sein; religiöse Gründe sind denkbar, wahrscheinlicher aber sind wirtschaftlich-soziale: Die Akropolis hat als Großbaustelle eineinhalb Jahrzehnte lang den athenischen Handwerkern sichere Arbeit und damit ein geregeltes Einkommen verschafft – beides war dem Ansehen des Politikers Perikles förderlich und kurbelte zudem die Wirtschaft Athens an. Ein Freund des Perikles, der Baumeister Phidias, leitete den Neubau der Akropolis. Schon der Stratege Kimon, der seit 478 v. Chr. dieses Amt immer wieder innehatte, ließ die Grundfläche der Akropolis erweitern, indem er den Burghügel mit Schutt aus den Perserkriegen (umgerissene Statuen, Mauerreste von zerstörten Häusern usw.) aufschütten ließ – die Spuren des Krieges konnten somit ebenfalls beseitigt werden. Phidias verwendete teuren Marmor für den Bau des Parthenons, etwa eine Tonne Gold für die Errichtung des Standbildes der Athena Parthenos, dazu Unmengen von Elfenbein. Finanziert wurde dieses gigantische Bauvorhaben vor allem aus Geldern, das die Mitglieder des Delisch-Attischen Seebundes für ihren Schutz durch die athenische Flotte abführen mussten.
Der Parthenon-Tempel auf der Akropolis ist aber nur einer von den unzähligen, die in der Antike überall in Großgriechenland (also dem griechischen Festland, der ionischen Küste und Unteritalien) zu finden waren. Doch obwohl kein einziger dieser Tempel heute noch vollständig erhalten ist, wissen wir viel von ihnen: Opferten die Griechen ihren Göttern ursprünglich unter freiem Himmel, errichteten sie schon im 8. Jahrhundert v. Chr. erste unscheinbare hölzerne Tempel, die oft einem Wohnhaus ähnlicher waren als einem Heiligtum. Bis zum 6. Jahrhundert entwickelten sich dann aus dem Grundriss dieser einfachen Megaron-Häuser (vgl. S. 7) die Tempel, wie wir sie heute kennen: ein gemauerter Hauptraum ohne Fenster, der der Aufbewahrung des Götterbildes diente und nur für die Priester zugänglich war, umgeben von Säulenreihen und gedeckt mit einem flachen Giebeldach. Zur Gestaltung der Säulenreihen entwickelten die Griechen den dorischen, ionischen und korinthischen Stil. Der Bau eines Tempels war eine Gemeinschaftsleistung der jeweiligen Polis: Alle Einwohner halfen nach ihren Möglichkeiten, diese gewaltigen Bauwerke zu errichten – sei es durch Geldspenden oder durch Einsatz ihrer Arbeitskraft.
Nicht nur die Architektur des 5. und 4. Jahrhundert v. Chr. gilt heute als klassisch, dieses Etikett findet auch für die Bildhauerkunst Verwendung. Ursprünglich von den Ägyptern beeinflusst, schufen die Griechen bald eigenständige Standbilder, meist in Form unbekleideter Jünglinge (Kuroi) oder bekleideter Mädchen (Koren), die – symmetrisch um die Mittelsenkrechte angeordnet – noch recht statisch wirkten. Im 5. Jahrhundert wurden die Figuren dann mit Stand- und Spielbein ausgestattet, worauf sie mehr Beweglichkeit ausstrahlten.
Auch die Keramik durchlief eine Entwicklung: Während im 7. Jahrhundert ausschließlich schwarzfigurige Vasen, Krüge und Schalen hergestellt wurden, ging man am Ende des 6. Jahrhunderts in Athen zum rotfigurigen Stil über, der mehr Kunstfertigkeit verlangte und nun auch begehrter war. Dabei trugen die Künstler und Handwerker nicht mehr die Figuren mit schwarzer Glasurfarbe auf das zu brennende Tongefäß auf, sondern sie sparten gerade die Umrisse der Figuren aus, die später zu sehen sein sollten.

Methoden A 15

Einige Schüler werden ihren Familienurlaub schon in Griechenland verbracht haben; in diesem Fall sollte man auf die jeweilige persönliche Erfahrung zurückgreifen und die Schüler von ihren Eindrücken berichten lassen. Neben der Beschaffenheit des Strandes und der Qualität der griechischen Küche werden dann häufig gerade die Aspekte angesprochen, die auch in diesem Arbeitsblatt thematisiert sind: die Wirkung der Akropolis auf den heutigen Besucher, die verschiedenartigen Säulen und Plastiken und die Allgegenwart der Töpferwaren. Ein methodischer Glücksfall ist es für den Lehrer wie auch für die Klasse, wenn ein Mitschüler dann auch noch passendes Bildmaterial mitbringen oder gar ein Referat halten kann.
Ergibt sich diese Möglichkeit nicht, können anhand dieses Arbeitsblattes Aspekte der antiken attischen Kunst und Kultur erarbeitet werden. Möglich ist eine vorbereitende Hausaufgabe (z. B. zur Akropolis) oder eine arbeitsteilige Behandlung des Arbeitsblattes.

Lösungen A 15

Aufgabe 1
Heute ist die Akropolis ein Ruinenfeld, auf dem noch die Reste des Parthenons, des Erechteions, des Niketempels und der Propyläen erhalten sind. In der Antike war die Akropolis ein heiliger Bezirk, der über die Panathenäen-Straße mit der Agora verbunden war.

Aufgabe 2
Während der Parthenon an seiner Stirnseite von acht Säulen gestützt wird, sind es beim Zeus-Tempel nur sechs; dieser war also deutlich kleiner und – betrachtet man den Giebelfries – weniger kunstvoll gestaltet. Der Zeus-Tempel hatte eine Breite von ca. 28 Metern und eine Höhe von 20 Metern – der Parthenon war fast 31 Meter breit und 70 Meter lang!

Aufgabe 3
Die Abbildung zeigt Säulen im dorischen, ionischen und korinthischen Stil (von links); bis auf die dorische Säule sind alle dreiteilig gegliedert: Unten findet sich die Säulenbasis, es folgt der Säulenschaft, den oberen Abschluss bildet das Kapitell. Der Säulenschaft wird von der dorischen zur korinthischen Säule schlanker, das Kapitell kunstvoller: die dorischen Kapitelle wirken somit noch recht wuchtig, die ionischen sind schneckenförmig verziert, die korinthischen zeigen Blattmotive.

Sachanalyse A 16

Alljährlich im März fanden in Athen für sieben Tage Theateraufführungen und religiöse Riten zu Ehren des Dionysos statt. Wann die Athener mit diesen kultischen Spielen begannen, liegt im Dunkeln; die ersten Dionysien sind für das Jahr 534 v. Chr. bezeugt, die älteste noch erhaltene Tragödie, die „Perser" des Aischylos, stammt aus dem Jahr 472 v. Chr. Ort der Veranstaltung war das Dionysos-Theater am Südabhang der Akropolis, etwa 14 000 Menschen wohnten diesem alljährlichen Spektakel bei.
Ähnlich wie die Olympischen Spiele waren die Großen Dionysien nicht primär Volksbelustigung – das wohl auch in einer an großen Lustbarkeiten nur armen Zeit –, sondern Kult, Gottesdienst für Dionysos, den Gott der Fruchtbarkeit und Feste, dem die Verwandlung, das Mimische und Maskenhafte zu eigen war. So begannen die Festlichkeiten am ersten Tag mit einem Umzug für den zu Preisenden, am zweiten Tag wurden Lieder zu Ehren des Gottes vorgetragen. Erst am dritten Tag begann mit drei Komödien der den dramatischen Aufführungen gewidmete Teil der Veranstaltung. An den folgenden drei Tagen wurden Tragödien gespielt: Jeden Tag zeigte ein Dichter – meist einer aus dem Dreigestirn Aischylos, Sophokles und Euripides – eine Tetralogie, bestehend aus drei Tragödien und einem Satyrspiel am Ende.
Die attischen Dichter waren ihre eigenen Regisseure: Zusammen mit den (männlichen) Schauspielern (Frauen waren nicht zugelassen, ihre Rolle wurde von Männern übernommen, die wie alle anderen auch Masken trugen), dem Chor und dem Choregen, einem reichen Bürger, der als Sponsor der Veranstaltung auftrat, probte er schon Wochen vor dem Ereignis die Aufführung.
An den Großen Dionysien teilzunehmen bedeutete für die Dichter eine ganz besondere Ehre, wurden sie doch von den Archonten, also den führenden Politikern, aus einer größeren Menge ausgewählt; auch der Chorege wurde durch die Archonten (federführend war der archon eponymos) bestimmt. Dieses Verfahren zeigt den engen Zusammenhang von Kunst, Kult und Politik, der für die griechische Antike konstitutiv ist, später dann aber säkularisiert wurde oder anderweitig verloren ging. Für die Tragödiendichter bedeutete die Teilnahme an den Großen Dionysien aber auch, dass sie sich einem Wettbewerb zu stellen hatten: zehn kritai, die Beurteiler der Tragödien, waren angetreten, um aus den drei Dichtern einen als den Besten zu erwählen; dieser erhielt einen Efeukranz und eine Geldprämie. Sophokles gelang es zwanzigmal, die Siegerprämie erringen, Aischylos dreizehnmal.
Wurden in den Komödien eines Aristophanes, eines Kratinos und eines Eupolis die politischen Zustände (Aristophanes: Die Archarner) oder einzelne allgemein bekannte Persönlichkeiten wie etwa der führende Politiker Perikles, der Philosoph Sokrates oder Dichterkollegen wie Euripides und Aischylos verspottet (Aristophanes: Die Frösche), so zeigten die Tragödien Aspekte aus dem Leben in der Polis Athen, oft als Macht des unentrinnbaren Schicksals (Sophokles: König Ödipus) in mythologisches Gewand gehüllt.

Methoden A 16

Schüler dieser Altersstufe sind in der Regel mit dem Theater erst wenig vertraut; deshalb scheint ein Zugang zu diesem Themenkreis, der auf die Anschaulichkeit setzt, sinnvoll. Beim Vergleich des Theaterbaus (M 1) mit einer erläuterten Skizze (M 2) können die Schüler sowohl ein Gespür für die Räumlichkeit als auch für die Funktion der verschiedenen Bauelemente gewinnen. Anschließend kann die Notwendigkeit der Verwendung von Maske und Kothurn besprochen (M 3), dann anhand der Textauszüge (M 4 / M 5) auf die Entwicklung und Funktion der attischen Tragödie eingegangen werden.

Lösungen A 16

Aufgabe 1
Theatron = Zuschauerraum
Orchestra = Platz für den Chor und die Schauspieler
Proskenion = Platz für die Schauspieler
Parodos = Zugang zur Bühne
Skene = Umkleideraum, Aufbewahrungsort der Requisiten
Tempel und Heiliger Bezirk des Dionysos (mit Altar) = dienen den religiösen Feierlichkeiten

Heute befindet sich das Theater meist in einem geschlossenen Gebäude (Wetterverhältnisse). Ein Chor tritt kaum noch auf (die Orchestra wird also nicht mehr gebraucht). Da Theater keine religiöse Funktion mehr hat, ist ein heiliger Bezirk überflüssig.

Aufgabe 2
Die Stelzschuhe dienten dazu, die Schauspieler zu erhöhen, so dass diese auch von den hinteren Rängen aus noch gesehen werden konnten. Masken waren ebenfalls wegen der Entfernung nötig (Mimik), außerdem konnten so Männer auch die Frauenrollen spielen.

Sachanalyse A 17

Wie auch heute in mediterranen Gegenden üblich, spielte sich das Leben im alten Athen vorwiegend auf der Straße ab; Kleinkinder spielten draußen, während ihre größeren Geschwister vom Pädagogen zum Unterricht begleitet wurden; Handwerker arbeiteten bis spätabends vor dem Laden oder bei geöffneten Türen und Fenstern, auch die Märkte und Geschäfte in den Säulengängen hatten bis lange nach Sonnenuntergang geöffnet. Und als die letzten Athener, die mit ihren Freunden bei Wein und Würfelspiel saßen, noch nicht zu Bett gegangen waren, fuhren schon die ersten Fischer vom Piräus aus, um zu Sonnenaufgang mit vollen Netzen zurückzukehren.
Die reichen Frauen waren zumeist unter ihresgleichen, während ihre Männer ab und an in den Symposien Trinkgelage feierten, bei denen allenfalls gebildete Hetären, nicht aber ihre Gattinnen anwesend sein durften. Einfache Bürgersfrauen pflegten die Kontakte, die sich im Alltag ergaben; sie nützten den Gang zum Brunnen – wo sich alle trafen – ebenso wie die Bäuerinnen die gemeinsame Feldarbeit und die Handwerkersgattinnen die täglichen Einkäufe am Markt für ein Gespräch, das zugleich das moderne Fernsehen, den Rundfunk und die Presse ersetzte: Zwar waren die Informationen, die ausgetauscht wurden, nicht so weltumspannend und vielleicht auch nicht immer so exakt; sie waren aber sicher genauso spannend und stillten ebenfalls das Bedürfnis, spektakuläre Neuigkeiten zu erfahren.
Die Bauern Attikas lebten in ihren Höfen, die ganz individuell gestaltet waren. Die Stadtbewohner lebten z. T. in genormten Häusern; besonders, als nach den Perserkriegen der Baumeister Hippodamus von Milet beauftragt worden war, eine Mustersiedlung für den Piräus, die Unterstadt von Athen, zu errichten. Doch sanitäre Anlagen gab es hier wohl ebensowenig, wie in den übrigen Gebäuden; man nimmt an, ein Topf habe den Athenern für ihre Notdurft gedient, der anschließend auf die (unbefestigte) Straße gekippt worden sei.

Methoden A 17

Obwohl das tägliche Leben im alten Athen schon in einigen Arbeitsblättern (vgl. vor allem A 11, A 12 und A 13) angesprochen wurde, soll hier noch einmal eine Zusammenschau erfolgen, die u. U. (etwa bei Zeitknappheit oder anders gearteter Schwerpunktsetzung) die anderen Arbeitsblätter ersetzen kann. Andernfalls wurden hier Beispiele gewählt, die auch zusätzlich präsentiert werden können, da sie andere Aspekte des Themas „Alltag" beleuchten.

Lösungen A 17

Aufgabe 1
Die Aufgabe gibt den Schülern die Möglichkeit, einen affektiv-emotionalen Bezug zum Thema „Griechische Geschichte" zu entwickeln bzw. auszudrücken.

Aufgabe 4
Das Speisezimmer war das Zimmer des Hausherrn, in dem auch die Symposien, d. h. die Gelage abgehalten wurden, zu denen die Frauen keinen Zutritt hatten.

Sachanalyse A 18

Leben und Wirken Alexanders des Großen setzen einen Schlusspunkt in der antiken griechischen Geschichte und weisen doch schon deutlich über diese hinaus. Hatten die Griechen in der klassischen Zeit die Makedonen als Barbaren angesehen, so mussten sie jetzt erfahren, dass gerade ein „Barbar" sich aufmacht, die Perser für ihre Annexions-Absichten in den Jahren zwischen 490 und 449 v. Chr. zu bestrafen. Dies zeigt auch, dass die Makedonen sich längst als Griechen verstanden – und dass sie ein Bewusstsein für geschichtliche Ereignisse besaßen, auch wenn die Geschichte sie nicht unmittelbar betraf. Gilt die These vom Rachezug für Philipp II. von Makedonien, so scheint sie das Tun

seines Sohnes Alexander schon nicht mehr vollständig zu erfassen. Die Frage bleibt: Hatte Alexander vor, den Kriegszug gegen die Perser anstelle seines Vaters anzutreten oder wollte er von Anfang an mehr?
In diesem Arbeitsblatt sollen nun nicht die Forschungsergebnisse der letzten Jahre (v. a. J. Seibert, Alexander der Große, Darmstadt 1972) ignoriert, die „große Einzelpersönlichkeit" wieder als quasi göttlicher Schöpfer historischer Ereignisse installiert werden.
Gerade für die Sekundarstufe I scheint es aber gerechtfertigt, geschichtliche Begebenheiten an einprägsamen Namen und Gestalten rückzubinden, wo dies möglich ist. Zudem handelt es sich bei Alexander offenbar um eine Persönlichkeit, die in jedem Zeitalter von neuem für Überhöhung, Vergöttlichung, wenigstens aber für Interesse gesorgt hat, so dass die Taten Alexanders oft nacherzählt und häufig Interpretationen und zeitgemäßen Bearbeitungen unterzogen wurden (erinnert sei nur an das Alexander-Epos des Rudolf von Ems aus dem 13. Jahrhundert).

Methoden A 18

Den Schülern soll ein emotionaler Zugang zur Person Alexanders des Großen und seiner Zeit ermöglicht werden, deshalb stehen am Anfang des Arbeitsblattes Auszüge aus einem Jugendbuch (Hans Baumann: Der große Alexanderzug, München 1994, als Taschenbuch billig und leicht erreichbar, kann es die Schüler zu weiterer Lektüre anregen!). Diese geben sicherlich kein umfassendes und auch kein realistisches Bild Alexanders – und doch (oder gerade dadurch) wecken sie Interesse für seine Person. Wenn das Anspruchsniveau der Klasse es zulässt, können diese „Histörchen" auch kritisch hinterfragt werden und den Schülern einen Blick in die Werkstatt von Chronisten (die Auszüge basieren ja auf Plutarch), Jugendbuchautoren und Historikern ermöglichen.

Lösungen A 18

Aufgabe 1
Den Schülern wird es leicht fallen zu erkennen, dass Alexander in jeder dieser Episoden eine herausragende Tat vollbringt bzw. etwas Ungewöhnliches sagt. Die Biographen zeichneten durch eine derartige Überlieferung ein stilisiertes Alexanderbild, das diesen quasi als Übermenschen zeigt.

Aufgabe 2
Mit dieser Frage soll der Schüler bereits Gelerntes repetieren und von einem neuen Blickwinkel aus bewerten: Alexander spielt natürlich hier auf die Perserkriege an, die den Schülern bestens bekannt sein werden.
Im Anschluss an die Feststellung des Sachverhalts lässt sich die Frage diskutieren, ob Alexander es mit der überlieferten Aussage ernst meint oder ob er einen Vorwand für einen Zug nach (Klein-) Asien sucht. M 1 sollte bei diesen Überlegungen herangezogen werden.

Aufgabe 3
Die mit dieser Aufgabe verknüpfte Intention ist, dass sich die Schüler anhand des Textes (M 6), dem u. U. auch eine Lehrererzählung vom Alexanderzug vorausgehen kann, ein möglichst genaues Bild machen, um dann das Gewusste in eine stimmige Reihenfolge zu bringen und dieses anhand der Karte zu verorten.

Aufgabe 4
Die Karten zeigen:
- Alexanders Weltbild, das vor dem Indienzug entscheidend von Herodot und Aristoteles geprägt war, erfuhr eine deutliche Revision (der Nil entspringt nicht in Indien, sondern in Afrika, das Kaspische und das Rote Meer sind kein Binnengewässer, die Lage Indiens und Ceylons wird genauer bestimmt),
- Alexanders Weltbild war aber noch immer nicht richtig: die Welt ist nicht symmetrisch angeordnet, der Ozean begrenzt nicht die Erde.

Aufgabe 5
Das Verhältnis zwischen Alexander und seinen Soldaten war offenbar ein sehr persönliches, denn alle waren betrübt, und wollten von Alexander persönlich Abschied nehmen. Nicht die Beamten oder Höflinge waren Alexander bei seinem nahen Tod am nächsten, sondern die Soldaten und Generäle – auch dies zeigt, dass Alexander vor allem Feldherr und erst in zweiter Linie König war.

Sachanalyse A 19

Ob Alexander wirklich ein Weltreich begründen und durch eine Art „Weltkultur" festigen wollte, ist bis heute zweifelhaft. Fest steht jedoch, dass er dies faktisch tat – zwar hielt das Alexanderreich nur einige Jahre, der kulturelle Austausch zwischen Ost und West, zwischen Asien, Europa und Nordafrika brachte jedoch – erstmals nach der klassischen Zeit – eine neue Blüte der Wissenschaft und Technik, sowie der Kunst und Kultur mit sich; Griechisch wird zur Weltsprache, die Griechen stellen im Orient und in Ägypten die politische und gesellschaftliche Oberschicht. Auch in wirtschaftlichen Dingen waren Hellenen führend.
Ebenso wie bei der Polis-Kultur der Griechen handelt es sich bei der Kultur des Hellenismus um eine Städte-Kultur; Alexandria verdeutlicht dies anschaulich.
Nach Alexanders Tod zerfiel sein Reich in sechs Kriegen in Einzelstaaten, die von den Nachkommen von

Alexanders Generalen, den Diadochen, beherrscht wurden: Die Antigoniden (die Nachfahren des Antigonos) regierten Makedonien, die Seleukiden (von Seleukos) das Perserreich, die Ptolemäer (von Ptolemäos) Ägypten. Von den ursprünglich fünf Diadochendynastien konnten sich also nur drei dauerhaft behaupten – bis sie schließlich von den Römern übernommen wurden: Das makedonische Reich der Antigoniden 148 v. Chr., das Seleukidenreich 63 v. Chr. (durch Pompeius) und das Ptolemäerreich 30 v. Chr. (unter Augustus).
Die Diadochen nannten sich ab 310 v. Chr., nach der Ermordung von Roxane (der Gattin Alexanders) und dem erst zwölfjährigen Sohn Alexanders, „König". Monarchisches Zeremoniell prägte auch das Leben in den Diadochenreichen: Der König lebte inmitten seines Hofstaates, er wurde (ähnlich wie die altägyptischen Pharaonen) vergöttlicht.

Methoden A 19

Ausgehend von den Weltmachtplänen Alexanders (M 1) können die Schüler die wirkliche Situation seines Reiches nach dessen Tod (M 2) kennen lernen und damit gleichsam das Ideal an der Wirklichkeit messen. Die anschließende Beschäftigung mit den Diadochen (M 6) und ihren Reichen (M 5) vermittelt ihnen einen Eindruck von den Schwierigkeiten nach dem Tod Alexanders.
Der zweite Teil des Arbeitsblattes dient dem Kennenlernen und der Auseinandersetzung mit wissenschaftlichen und technischen Neuerungen sowie auch mit anderen Veränderungen nach Alexander.

Lösungen A 19

Aufgabe 1
Arrian räumt ein, nicht genau gewusst zu haben, was das wirkliche Ziel Alexanders gewesen sei, er geht aber davon aus, dass sein Land- und Eroberungshunger nie zu stillen gewesen wäre.
Der Historiker F. K. Walbank betont einerseits die immensen Eroberungen Alexanders, weist aber andererseits darauf hin, dass alles „nur lose aneinandergefügt", ja zum Teil nie wirklich unter der Herrschaft des Makedonen und nach dessen Tod in kürzester Zeit wieder auseinandergebrochen sei.

Aufgabe 3
Die größte Ausdehnung der Diadochenreiche hatte das Seleukidenreich; es umfasste Kleinasien, Syrien und Mesopotamien. In Ägypten herrschten die Ptolemäer als Nachfolger der Pharaonen. In Makedonien regierten die Antigoniden; ihr Einflussbereich erstreckte sich auch über das restliche Griechenland.
Alle Herrscher dieser drei Geschlechter wurden als Götter verehrt.

Aufgabe 4
Der automatische Türöffner des Heron von Alexandria: Das Feuer dehnt über eine Röhre (2) die Luft in der unter der Erdoberfläche befindlichen Kugel aus, so dass das darin befindliche Wasser dann in einen in der Schwebe befindlichen Eimer entweicht (3). Dieser (4) senkt sich nun, zieht damit die Gegengewichte nach oben und bewirkt, dass sich durch Drehen der Achsen (5) die Tempeltüren öffnen. Ziel dieser Vorführung war es, die Gläubigen zu beeindrucken und von der Allmacht der Götter zu überzeugen.
Die Schraube des Archimedes: Durch Drehen an der Kurbel konnte Wasser von tieferliegenden Gewässern z. B. auf höhergelegene Felder gebracht werden, etwa um diese zu bewässern.

Aufgabe 5
Während in M 7 hervorgehoben wird, dass es ausschließlich strategische Gründe gewesen seien, die für den Export griechischer Kultur in den Orient verantwortlich zu machen sind und die außerdem nur von kurzer Dauer gewesen seien, wird in M 8 betont, dass sich Griechen und Makedonen, die neuen Herren also, den persischen Gepflogenheiten angepasst und ihre Eigenheiten aufgegeben hätten.

Sachanalyse A 20

Alexandria in Ägypten ist die erste (331 v. Chr.) und wichtigste der angeblich etwa 70 (in Wirklichkeit wohl nur 17) Städtegründungen Alexanders des Großen auf seinem Feldzug nach Indien. Die günstige Lage der Stadt, die durch die vorgelagerte Insel Pharos geschützt wird, verhalf dieser zu raschem Wachstum. Die Stadt entwickelte sich zur Weltstadt mit 1 Million Einwohnern; darunter ca. 150 000 Griechen und annähernd 100 000 Juden, die in verschiedenen Stadtbezirken (dem Ägypter-, Kaufmann-, Juden- und Soldatenviertel) untergebracht waren. Doch auch Menschen aus Kleinasien, Syrer, Phönizier und Schwarze aus Afrika hatten die Stadt als Lebensmittelpunkt gewählt. Drei Hafenanlagen (kleiner, großer und Königshafen) sicherten die Bedeutung Alexandrias als Handelszentrum zwischen Europa, Asien und Afrika. Dies zog Kaufleute aus allen Ländern an, die wiederum die Wirtschaft der Region belebten. Die ansässigen Fischer brauchten keine Konkurrenz zu fürchten, auch Handwerker und Baumeister hatten ihr Auskommen, insbesondere durch die Bedürfnisse der Königsstadt. Auch nach Alexanders Tod konnte die Stadt ihre wichtige Rolle beibehalten; Alexandria war nun Hauptstadt des

Ptolemäerreiches und damit noch immer politisches und geistiges Zentrum, sowie wichtigster Warenumschlagplatz im östlichen Mittelmeer.
Auch die Ausmaße Alexandrias bezeugen den Weltstadtcharakter der Stadt. Hatten Straßen im klassischen Griechenland eine Breite von etwa 4,50 m und waren Hauptstraßen allenfalls 7 bis 9 m breit (nach F. Kolb, Die Stadt im Altertum, München 1984, S. 134 f.), so wurde Alexandria an der Kreuzung zweier Prachtstraßen errichtet, die ca. 30 Meter breit waren. Geld spielte bei den öffentlichen Baumaßnahmen in Alexandria offenbar keine entscheidende Rolle – die Steuereinnahmen waren reichlich! So verfügte die Stadt auch über einen Botanischen und einen Tiergarten, über großzügige Sportanlagen, Theater und Tempel für die verschiedenen Gottheiten, wie Serapis, Isis, Pan und Poseidon.
Dem königlichen Palast angeschlossen war das Museion, der „Sitz der Musen", eine Art von internationaler Universität mit seiner Bibliothek (gegründet von Ptolemaios I.), der größten des Altertums; auf über 700 000 Schriftrollen war das gesamte Wissen der Antike verzeichnet, bis die Bibliothek im alexandrinischen Krieg im Jahr 47 v. Chr. in Flammen aufging. Hier im geistigen Zentrum Europas – Alexandria hatte Athen längst überflügelt – wurden Werke aus verschiedensten Sprachen ins Griechische übersetzt, an den Werken Homers Textkritik getrieben und literaturwissenschaftliche Abhandlungen verfasst. Besonders die Naturwissenschaften wurden gefördert: Mathematiker wie Euklid, Ingenieure wie Ktesibios und Astronomen wie Eratosthenes fanden beste Arbeitsbedingungen vor.

Alexandria behielt seine Vorrangstellung etwa 200 Jahre bis 30 v. Chr., als es von den Römern eingenommen wurde und Rom zur „Hauptstadt der Welt" aufstieg.

Methoden A 20

Anhand des Stadtplans sollen die Schüler einen ersten Eindruck von der „Weltstadt Alexandria" bekommen, der dann durch die verschiedenen Materialien ganz gezielt vertieft werden kann. In den Vordergrund rücken können Aspekte wie:
- Alexandria, Weltstadt des Handels,
- Die Bedeutung der Politik in Alexandria (und Athen) oder
- öffentliches Leben in Alexandria.

Lösungen A 20

Aufgabe 1

Kennzeichen einer Weltstadt heute:
- Millionenstadt
- Geschäftszentrum
- Präsenz von weltweit operierenden Firmen
- weltweite Verkehrsanbindung (Flughafen!)
- Internationalität
- anhaltendes Wachstum der Stadt
- subjektive Faktoren: Hauch von Exklusivität, vielfältige Freizeitmöglichkeiten, Ansehen der Stadt im Ausland

Alexandria als Weltstadt:
- Sitz des Königs
- drei Häfen
- Universität
- Wirtschaftsknotenpunkt
- Zusammentreffen verschiedener Kulturen
- schnelles Wachstum nach der Gründung
- großzügige Stadtplanung

Aufgabe 2

Importwaren	Exportwaren
Rohstoffe, Rebensetzlinge, Setzlinge für Öl- und Obstbäume, Weine, Bedarfs- und Luxusartikel, Öle, Stoffe, Salben, Wolle, Parfüms	Getreide, Papyrus, Gobelins, seltene Tiere, Gewürze, Stoffe, Kunstgewerbe, Edelsteine, Perlen

Die Importwaren kamen aus dem griechischen Raum (Samos, Milet, Kos), die Exportwaren stammten aus Alexandria selbst oder aus Ägypten, Afrika, Arabien oder Indien.

Sachanalyse A 21

Die sieben Weltwunder der Antike wurden schon von dem weitgereisten Historiker Herodot beschrieben. Es handelt sich in der Tat um technische oder architektonische Meisterleistungen – wenn auch im Laufe der Zeit einiges an Übertreibung die historische Überlieferung angereichert hat. So hegen Statiker große Zweifel an der Richtigkeit der Darstellung des Kolosses von Rhodos, ja sie gehen davon aus, dass eine Figur dieser Größe und mit diesem Gewicht auf der Mole nicht hätte plaziert werden können, ohne ins Meer zu stürzen. Die Darstellung ist überhaupt ein Problem: Bis auf die Cheops-Pyramide sind alle Sehenswürdigkeiten schon dem Zahn der Zeit zum Opfer gefallen; niemand weiß so ganz genau, wie die Zeus-Statue, wie die

A 21

Hängenden Gärten und wie der Leuchtturm von Alexandria ausgesehen haben.
Signifikant ist jedoch, dass von sieben Weltwundern die Rede ist, sahen doch die Griechen die 7 als heilige Zahl an.
Die Hochschätzung der Ziffer 7 findet sich in Rom wieder: Die Stadt wurde angeblich auf sieben Hügeln erbaut.

Auch im Christentum hat die Ziffer 7 eine besondere Bedeutung: Der biblischen Überlieferung zufolge hat Gott die Welt in sechs Tagen erschaffen, am siebten ruhte er. Die katholische Kirchenlehre kannte (und kennt) sieben Todsünden (Stolz, Neid, Geiz, Unkeuschheit, Unmäßigkeit, Zorn und Trägheit) und sieben Sakramente (Taufe, Firmung, Ehe, Alterssakrament, Buße, letzte Ölung, Priesterweihe).
Die Bedeutung der Ziffer 7 setzt sich bis ins Märchen fort: Schneewittchen und die sieben Zwerge (hinter den sieben Bergen!), Blaubart und seine sieben Frauen und „sieben auf einen Streich" beim „tapferen Schneiderlein". Im Volksmund ist heute noch der Ausspruch üblich, man „fühle sich wie im siebten Himmel".

Methoden A 21

Dieses Arbeitsblatt ist als Additum gedacht: Es soll helfen, den Geschichtsunterricht in der Unter- und Mittelstufe noch schülernaher zu gestalten und dabei das Vorwissen der Schüler zu aktivieren. Es eignet sich aber auch für Vertretungsstunden oder als Abschluss der griechischen Geschichte.

Lösungen A 21

Aufgabe 1
Die Schüler sollen erkennen, dass der östliche Mittelmeerraum in der Antike das Zentrum der Kultur schlechthin war; andere Gegenden lagen außerhalb des Blickfeldes der kulturell führenden Griechen, die uns auch die meisten schriftlichen Zeugnisse (und damit die Überlieferung der „Weltwunder") hinterlassen haben.

Aufgabe 2
Die Bauwerke sind durchwegs überdimensional groß, so dass ihre Entstehung „wunderbar" erschien, d.h. man konnte sich nicht vorstellen, wie Menschen diese Leistungen zustande gebracht haben konnten.

Aufgabe 3
Heute noch besichtigen kann man die Cheops-Pyramide.

Besonderheiten des griechischen Raumes

- viele enge Täler
- Nähe zum Meer
- beständiges Klima
- wenig Anbauflächen
- heiße Sommer, milde Winter
- meist karge Böden

→ keine Bildung eines gemeinsamen Staates für alle Griechen

→ Zusammenschluss in Form von „Stadtstaaten“ (Poleis)

Tafelbild 1

Die Frühzeit Griechenlands

Minoische Kultur
(3000 – 1450 v. Chr.)

- Zentrum: Knossos auf der Insel Kreta
- unbefestigte, prachtvolle Paläste („Labyrinth“)
- Seefahrer mit einer mächtigen Flotte
- weitreichende Handelsbeziehungen

→ friedliche Kultur

↑ um 1450 n. Chr. erobert

Mykenische Kultur
(1600 – 1200 v. Chr.)

- Zentrum: Mykene auf der Halbinsel Peloponnes
- wehrhafte Burgen mit Zyklopenmauern
- adelige Krieger mit Streitwagen
- später: Seefahrer

→ kriegerische Kultur

Tafelbild 2

Die Götterwelt der Griechen

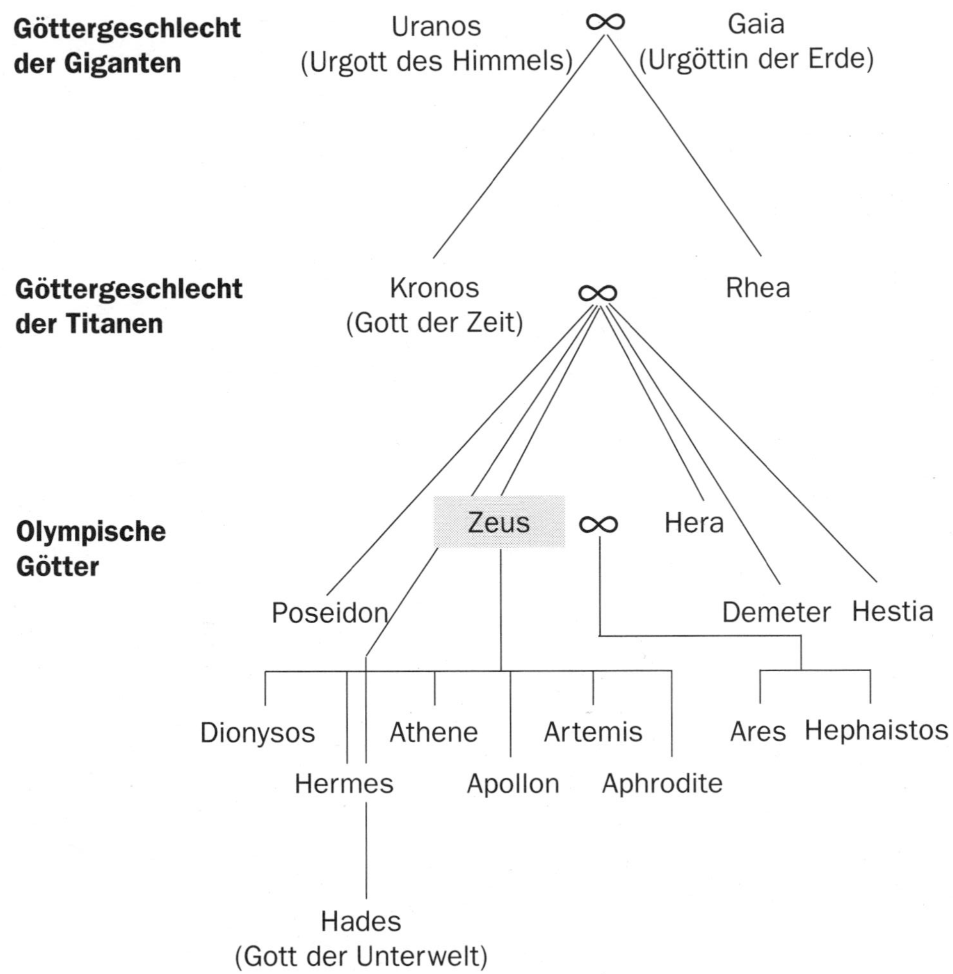

Tafelbild 3

Heinrich Schliemann entdeckt Troja

Meinungen über Homer und Troja zu Schliemanns Zeit:
- die Ilias sei reine Dichtung
- Troja habe nie existiert
- wenn es Troja wirklich gegeben habe, läge es bei Bunarbaschi

Schliemanns Ansichten:
- Homer erzählt, was damals geschah
- die Ilias ist ein „Geschichtsbuch“
- Troja muss unter dem Hügel Hissarlik zu finden sein
- Agamemnon, Odysseus und die anderen griechischen Helden hat es wirklich gegeben

↓

Grabungsarbeiten Schliemanns nach 1871

- Entdeckung Trojas: Aber welche Schicht zeigt das Troja Homers?

↓

Schliemann hält die 2. Schicht für das Troja Homers

↓

Der Nachfolger Schliemanns, Dörpfeld, kam zu einem anderen Ergebnis:
Die 6. Schicht zeigt Reste eines befestigten Fürstensitzes und stammt zudem aus der fraglichen Zeit (1700 – 1250 v. Chr.)

Tafelbild 4

Die griechische Kolonisation

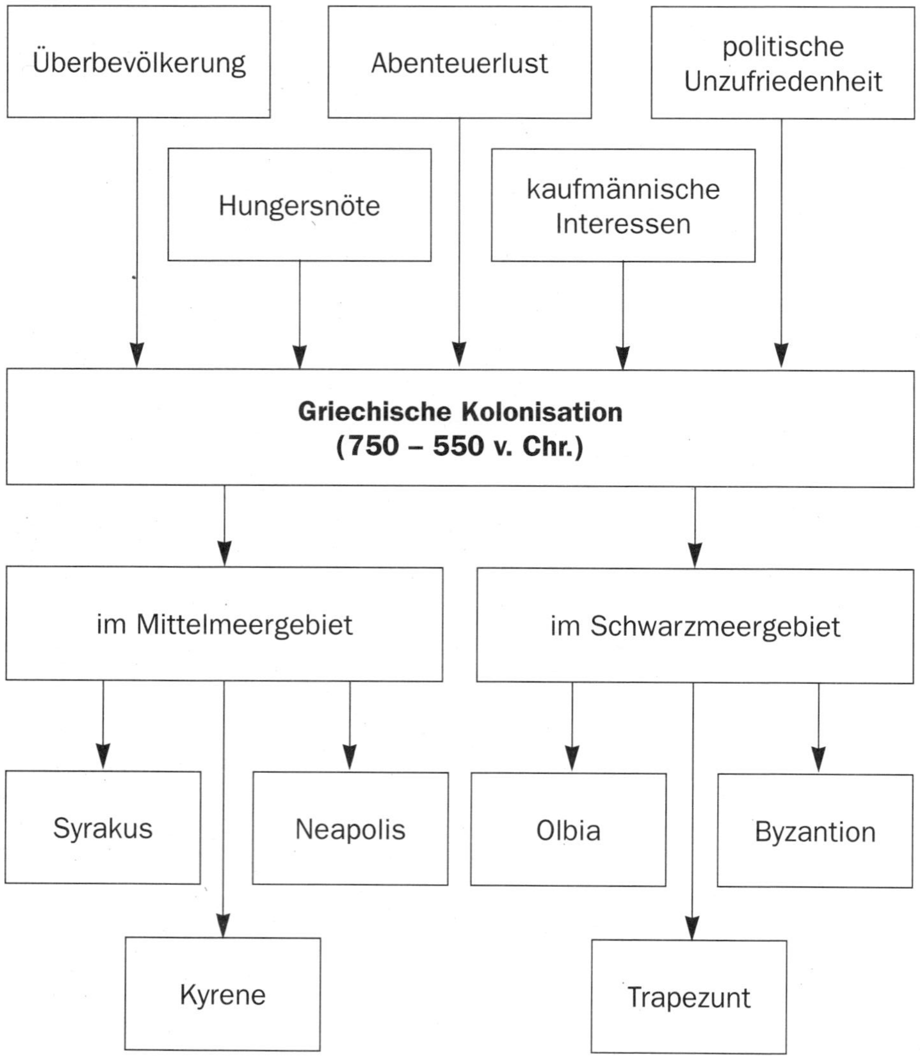

Tafelbild 5

Die Olympischen Spiele (seit 776 v. Chr.)

Griechen aus dem gesamten Mittelmeerraum kommen als Athleten nach **Olympia**

↓

einmonatiges Training in Elis mit Ausscheidungskämpfen unter Aufsicht der Hellanodiken

↓

1. Tag	2. Tag	3. Tag	4. Tag	5. Tag
– feierlicher Einzug – Zeusopfer – olympischer Eid	– Wagen- und Pferderennen – Fünfkampf	Feierlichkeiten zu Ehren des **Zeus** – Prozession – Opfer am Aschenaltar – Opfermahl Höhepunkt der Spiele	– Laufwettbewerbe – Ringen – Faustkampf – Allkampf – Waffenlauf	– Siegerehrung – Abschlussessen

↓

nochmalige Siegerehrung in der Heimatstadt der Athleten

Tafelbild 6

Gesellschaft und Staat in Sparta

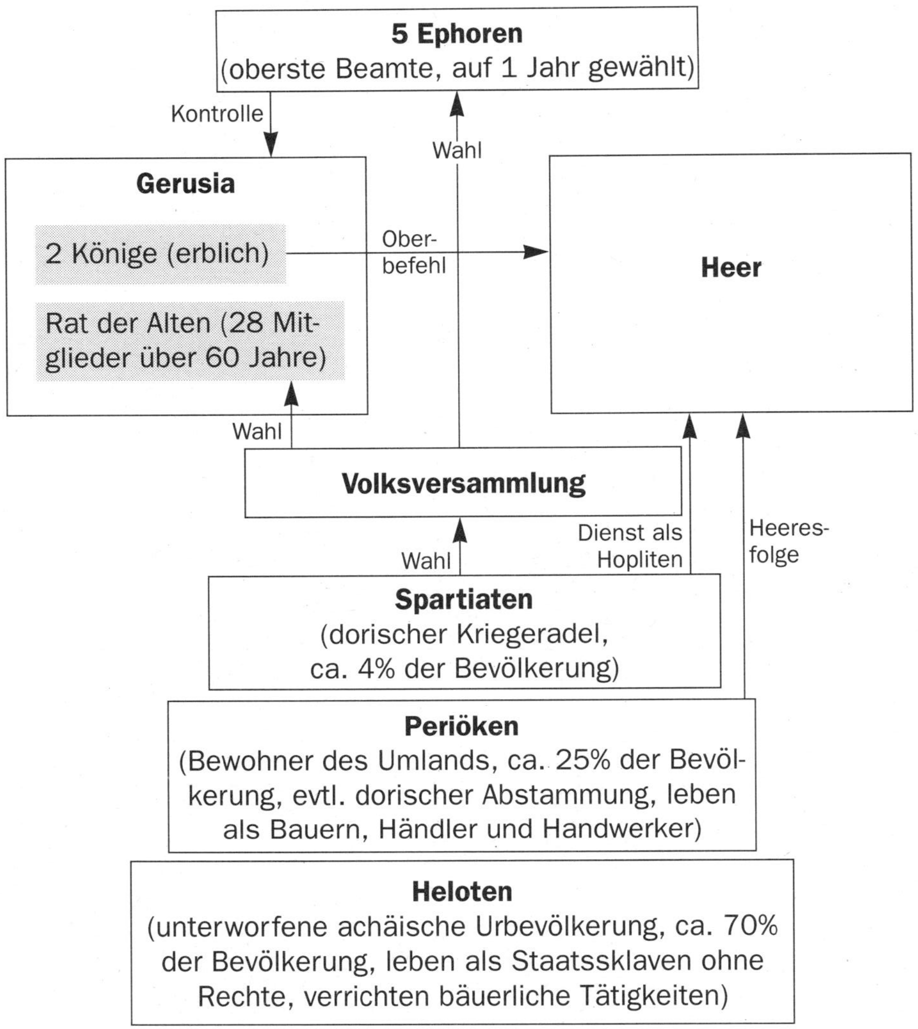

Tafelbild 7

Von der Monarchie zur Demokratie

um 950 v. Chr.	sagenhafte Herrschaft eines Königs	Monarchie
um 700 v. Chr.	Herrschaft von Adeligen	Aristokratie
um 620 v. Chr.	**Drakon:** Aufzeichnung des Rechts als Schutz vor Willkürherrschaft der Adeligen	
594 v. Chr.	**Solon:** timokratische Verfassung: politische Rechte nicht nur für Adelige, sondern nach Steueraufkommen	Timokratie
560 – 510 v. Chr.	**Herrschaft des Peisistratos** und seiner Söhne	Tyrannis
um 510 v. Chr.	**Verfassungsreform des Kleisthenes:** Einführung des Scherbengerichts	Demokratie

Tafelbild 8

Ursache, Verlauf und Ergebnis der Perserkriege

Ursache: Wille der Griechen in Ionien, die politische und wirtschaftliche Oberhoheit Persiens abzustreifen

Verlauf:

Ionischer Aufstand (500 – 494 v. Chr.) → Zerstörung Milets durch die Perser (494 v. Chr.) → Feldzug des Dareios gegen Athen (490 v. Chr.) → Sieg der Griechen bei Marathon (490 v. Chr.) → Sieg der Perser bei den Thermopylen (480 v. Chr.) → Sieg der Griechen in der Seeschlacht bei Salamis (480 v. Chr.) → endgültige Vertreibung der Perser nach dem Sieg in der Landschlacht bei Plataä (479 v. Chr.)

Ergebnis:
- dauerhafter Rückzug der Perser aus Griechenland
- Befreiung der griechischen Städte in Ionien
- Entstehung eines griechischen Zusammengehörigkeitsgefühls
- untere Bevölkerungsschichten gewinnen durch ihre Tätigkeit als Ruderer in den Trieren politische Macht (Fortschreiten der Demokratisierung)

Tafelbild 9

Die Demokratie Athens unter Perikles

Perikles
- führte die Demokratie ein
- setzte seinen Willen aber doch durch

→ **Wer durfte in der Politik mitbestimmen?**
- nur Vollbürger (männliche Bürger, deren beide Elternteile aus Athen stammten)

→ **Wer war von der politischen Mitsprache ausgeschlossen?**
- Frauen
- Kinder
- Fremde (Metöken)
- Sklaven

→ **Orte der Demokratie:**
- Agora
- Akropolis
- Areopag
- Boule
- Dionysos-Theater
- Pnyx
- Stoa

Tafelbild 10

Stellung und Aufgaben von Frauen im antiken Athen

Aufgaben der vornehmen Frauen:

- sollen sich weitgehend im Haus aufhalten, das galt als vornehm
- stehen dem Haushalt vor
- beaufsichtigen die Sklaven
- pflegen Kontakte zu anderen vornehmen Frauen
- lesen und sehen im Theater die attischen Tragödien

Aufgaben der einfachen Frauen:

- stehen dem Haushalt vor und versorgen die Familie:
  - holen am Brunnen Wasser
  - backen Brot
  - fertigen die Kleidung für die Familie an
  - bereiten das Essen zu
  - erziehen die Kinder
  - pflücken im Garten Obst
  - Bäuerinnen helfen bei der Feldarbeit
- verrichten Arbeiten außerhalb des eigenen Hauses:
  - als Erntehelferinnen bei einem Adeligen
  - als Amme

Rechtliche Stellung aller Frauen:

- sind an politischen Entscheidungen nicht beteiligt
- sind rechtlich von einem Mann abhängig (Vater, Ehemann, ältester Bruder)
- können nicht vor Gericht prozessieren
- verfügen nicht über persönliches Eigentum
- haben kein Mitspracherecht bei der Wahl des Ehemanns

Das klassische Athen war politisch sehr fortschrittlich. Die gedrückte Stellung der Frauen steht dazu im Widerspruch.

Tafelbild 11

Kindheit und Jugend in Athen

- Möglichkeit der Kindesaussetzung durch den Vater innerhalb von 10 Tagen
- gemeinsames Aufziehen von Jungen und Mädchen im Elternhaus bis zum Alter von 7 Jahren
- Bezugspersonen: Mutter, andere Familienmitglieder, evtl. eine Amme

Mädchen

- bleiben zu Hause
- lernen von der Mutter, den Haushalt zu führen:
  - kochen
  - nähen
  - Umgang mit dem Hauspersonal

- Heirat meist mit 15 Jahren

Jungen

- besuchen eine öffentliche Schule
- Jungen aus vornehmen Familien haben einen Hauslehrer
- bereiten sich auf ihr Leben als Staatsbürger vor
- lernen lesen, schreiben und rechnen
- Jungen aus vornehmen Familien bekommen Rhetorikunterricht

- Volljährigkeit mit 18 Jahren
- militärische Grundausbildung
- Eheschließung mit ca. 30 Jahren

Tafelbild 12

Rechte und Pflichten von Vollbürgern, Metöken und Sklaven

Vollbürger:
- beide Elternteile müssen in Athen geboren sein
- haben athenisches Bürgerrecht
- Wehrpflicht
- u. U. Pflicht, Staatsprojekte zu finanzieren
- Mitarbeit in den Institutionen der Demokratie
- Landwirtschaft als Hauptbetätigungsfeld
- Zahl: ca. 40 000

Metöken:
- Fremde, die für längere Zeit in Athen lebten
- persönlich frei
- keine politischen Rechte
- von der politischen Mitsprache ausgeschlossen
- kein Recht, Grundbesitz zu erwerben
- Wehrpflicht
- meist als Gewerbetreibende und Kaufleute tätig
- Zahl: ca. 35 000

Sklaven:
- Fremde, meist aus nichtgriechischen Ländern
- unfrei
- keine Rechte
- durften keinen Militärdienst leisten
- oft als Haussklaven, in der Landwirtschaft oder im Bergwerk tätig
- Zahl: ca. 110 000

→ **Athen war Demokratie**,
trotzdem hatte nicht jeder die gleichen Rechte

Tafelbild 13

Bildung, Wissenschaft und Philosophie

Schulbildung:
Schüler in Athen lernten
- Lesen und Schreiben
- Gedichtvortrag
- Turnen, Fechten und Bogen schießen

Geschichtsschreibung:
Herodot:
- der „Vater” der Geschichtsschreibung
- berichtet von den Perserkriegen

Thukydides:
- Begründer der wissenschaftlichen Geschichtsschreibung
- berichtet vom Peloponnesischen Krieg

Philosophie:
- die Sophisten (z. B. Protagoras): „Der Mensch ist das Maß aller Dinge.“
- Sokrates: „Ich weiß, dass ich nichts weiß.“

Mathematik:
- Thales von Milet
- Pythagoras: $a^2 + b^2 = c^2$

Medizin:
- Hippokrates: „Niemals werde ich jemandem eine Medizin verabreichen, die zum Tode führt.“

Tafelbild 14

Kunst und Kultur im alten Athen

Architektur:
- dorischer Stil
- ionischer Stil
- korinthischer Stil

Bildende Kunst:
- unbekleidete Jünglinge (Kuroi)
- bekleidete Mädchen (Koren)

Klassische Kunst

Vasenmalerei:
- rotfiguriger Stil
- schwarzfiguriger Stil

Tafelbild 15

Die Attische Tragödie

Aufführung anlässlich der Großen Dionysien:
drei Tragödien (Trauerspiele) und ein Satyrspiel (komische Posse)

Dichter	**und ihre Dramen**
Aischylos (ca. 525 – 455 v. Chr.)	Die Perser, Orestie
Sophokles (ca. 497 – 406 v. Chr.)	König Ödipus, Antigone
Euripides (ca. 480 – 406 v. Chr.)	Medea, Iphigenie bei den Taurern

Themen der Attischen Tragödie
- Sieg der Athener in der Schlacht von Salamis (Die Perser)
- die Heimkehr des Königs Agamemnon aus Troja (Orestie)
- Verstoß gegen geltendes Recht aus humanitären Gründen (Antigone)
- die Macht des Schicksals (König Ödipus)

Die modernen Schauspiele entwickelten sich aus den antiken Komödien und Tragödien.

Tafelbild 16

Stationen im Leben Alexanders des Großen

Alexanders Ende	323 v. Chr.	Alexander stirbt mit 33 Jahren in Babylon
		Massenhochzeit in Susa
	325	Marsch durch die Wüste Gedrosien: ca. 50 000 Menschen kommen ums Leben
		Alexander beendet den Eroberungszug
	327	Alexander kommt nach Indien
	328	Alexander heiratet die Fürstentochter Roxane
Alexanderzug	331	Schlacht bei Gaugamela: Alexander wird Großkönig von Asien
		Besuch der Oase Siwa
		Eroberung Ägyptens
	333	Schlacht bei Issos, Sieg über Darius
		Alexander löst den Gordischen Knoten
		Schlacht am Granikos
	334	Beginn des Rachezugs gegen die Perser
Jugendzeit Alexanders	356	Geburt Alexanders als Sohn König Philipps in Pella

Tafelbild 17

Weltkultur des Hellenismus

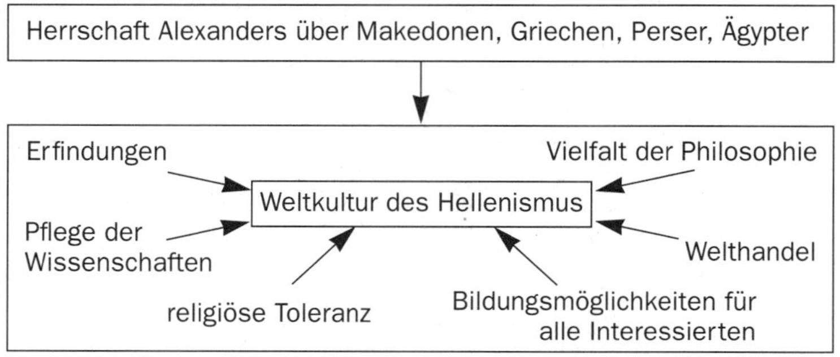

Tafelbild 18

Alexandria – Weltstadt der Antike

Zentrum der Wirtschaft
- Monopol für Papyrus, Parfüm und Glaswaren
- wichtiger Umschlagplatz für Weizen, Wolle, Wein, Öle, Gewürze, Tiere aus Afrika
- wichtiges Handelszentrum der antiken Welt

Kulturelle Vielfalt
- in Alexandria leben Syrer, Griechen, Juden, Ägypter, Phönizier
- sie verehren verschiedene Götter in verschiedenen Tempeln: Isis, Pan, Serapis, Poseidon

Zentrum der Wissenschaft
wichtige Erfindungen:
- Flaschenzug
- archimedische Schraube
- Katapult

neue Erkenntnisse:
- die Erde ist eine Kugel
- die Erde dreht sich um die Sonne
- Ebbe und Flut werden vom Mond ausgelöst

neue Praktiken:
- Sezieren des menschlichen Körpers

Weltstadt – auch für den Besucher
- prächtige Bauten, vor allem im Königsviertel
- breite Straßen, großzügige Anlage der Stadt
- Museion mit Bibliothek
- Zoo und Botanischer Garten, Sternwarte, Theater, Tempel, Sportanlagen
- drei Häfen, gesichert durch den Leuchtturm Pharos

Tafelbild 19